凭什么
让人喜欢你

做个会说话高情商的人

王建一◎编著

金盾出版社

图书在版编目（CIP）数据

凭什么让人喜欢你：做个会说话高情商的人 / 王建一 编著.—北京：金盾出版社，2020.1

ISBN 978-7-5186-1644-2

Ⅰ.①凭… Ⅱ.①王… Ⅲ.①心理交往—语言艺术—通俗读物 Ⅳ.①C912.11-49

中国版本图书馆CIP数据核字（2019）第134491号

责任编辑：周　继　　　　整体策划：三官松

金盾出版社出版、总发行

北京市太平路5号（地铁万寿路站往南）

邮政编码：100036　　电话：68214039　83219215

传真：68276683　　网址：www.jdcbs.cn

三河市金泰源印务有限公司印刷、装订

各地新华书店经销

开本：889×1194　　1/32　　印张：6

2020年1月第1版　第1次印刷

印数：1~50 000册　　定价：38.00元

目录
CONTENTS

1 做自己和没礼貌只有一线之隔 / 001

2 当每个人都想聊自己的时候 / 006

3 受欢迎的人从不会踩地雷 / 011

4 初次见面，怎样说好第一句话 / 017

5 换位思考，站在对方角度思考问题 / 024

6 别把赞美做得像拍马屁 / 030

7 不要吝啬你的肯定和欣赏 / 036

8 注意保持你的声音形象 / 042

9 既然开口，就好好说话 / 045

10 开玩笑要有分寸 / 049

11 谈话总是"适得其反"怎么办 / 055

12 请人帮忙要大事化小 / 061

13 如何让你说出来的话有感情 / 066

14 别像女王一样和人打招呼 / 072

15 讥讽是一把双刃剑 / 078

16 谦虚说话更让人喜欢 / 085

17 说话含蓄为彼此的交往留有余地 / 091

18 正确沟通,除了"能说"还得"会听" / 098

19 一定要讲最具体的事而不是抽象的道理 / 104

20 示弱是一种聪明的退让 / 110

21 口头禅透露一个人的个性特征 / 116

22 听出对方的"弦外之音" / 123

23 每个人都有自己不可触碰的心理禁区 / 129

24 "不打断别人的话"是基本素养 / 132

25 解除对方的戒备心理 / 138

26 克服羞怯的本性 / 146

27 别对爱你的人说狠话 / 153

28 你是个话题终结者吗 / 159

29 总"说实话"的尴尬症 / 166

30 交浅言深是个误区，"深"之前要先测试水温/171

31 沉默是金 / 177

1
做自己和没礼貌只有一线之隔

　　谁都绞尽脑汁地想把话说好，但过于圆滑世故不讨人喜欢，见人说人话，见鬼说鬼话，又难与人深交。心里想的与说出来的话不符，甚至完全相反，长此以往就成了惯性思维，易变成一个心口不一的人，而心离嘴越远，人离快乐和幸福就越远！

　　有人会说："想那么多干什么，做自己就好"。

　　但要注意，做自己与没礼貌往往只有一线之隔！没礼貌的人常常大言不惭："我就是一个心直口快的人，想到什么就说什么，你千万别介意。"心直口快竟然成了没礼貌的借口，是谁给了你如此"心直口快"的权利？你凭什么想说什么就说什么？大多数人为了不与这样的人正面交锋，或者是为了维持一个和谐的场面，会选择无视、隐忍。但是，时间长了会没有人想和这样"心直口快"的人共事，因为相处太累。他是做成自己了，但他说出的那些丝毫不考虑其他人的话很多时候会变成一把锋利的刀，刺伤跟他相处的人。

张宇是一名学生的家长，也是班里家委会成员之一，班里老师已经教孩子多年，辛辛苦苦任劳任怨，即使在家人住院的一个月期间，仍旧学校和医院两地跑，从不耽误给孩子们上课和批改作业。张宇应广大家长的意见，要向老师表达谢意，但却不知如何表达合适。后来大家集思广益想出一个好主意，由家委会出面给老师写一封感谢信，再给老师赠送一面小锦旗。这种由家长给老师赠送小锦旗的事倒是不多见。经过一番策划、准备，几位家长在某个下午上课前来到教室，给老师来了个突然袭击，一个大大的惊喜。五分钟的简单仪式后，家长们就回家了。张宇把赠送小锦旗的场面和感谢信内容都发到了班级QQ群里，很多家长看到都第一时间对家委会表示了感谢，也为老师送去祝福的话语。群里热闹了半天，到了晚上12点突然有一位家长发出这样一段话："我建议家长朋友们把精力放到统考考试那天，用实际行动证明自己今天在群里喊下的豪言壮语般的口号，教育局自会颁发有含金量的锦旗给老师的。仁者见仁，智者见智"。

当时已经夜里12点多了，多数人都睡了，没有看到这一条信息。但是张宇睡得晚，当这条信息闯入他的眼帘，他很气愤。今天几位家长代表专门请假，抽出时间去学校，难道是浪费精力？老师不值得大家赠送锦旗？这条信息不仅否定了老师的付出，也否定了几位家长代表的行为。张宇握手机的手直抖，他很想当面和这位家长理论。

第二天一大早，有一位家长非常礼貌而含蓄地批驳了那位家长的言论，意思是老师的辛苦不能视若无睹，孩子们的学习也不能只看成绩，孩子要全面发展等。那位家长没有在群里回复信息。

接着，张宇也用很简短的话进行了解释，他首先礼节性地肯定了所有人从各自立场发言都对的一面，声明本次给老师感谢信和赠送锦旗纯属民间行为，只是单纯表达广大家长们的一点心意；然后强调本次行动前已经做了大范围的调查，并组织部分家长进行了讨论，充分考虑了结果；最后如果有什么事可以直接联系张宇。

这件事就这样平息了。

蔡康永说："贵人不一定能改变人生，外表不一定会决定魅力，但生活种种，报告、开会、道歉、要求加薪、演讲、倾听诉苦，都只跟一件事情有关，就是你会不会说话，你有没有能力去想象，听你讲话的人是什么心情、想听到什么"。

蔡康永强调，说话不只是"术"。"透过研究说话"能让你比较根本地搞清楚自己跟别人的关系，搞清楚别人在想什么，还有最重要的一条就是自己到底是一个什么样的人。

很明显，上例中的那位敢于"说话"的人并没搞清楚别人在想什么，她自己和别人是什么关系。

人们通过话语塑造自我，因此，开口前需经过三思，注重说话品味，才能成为谨慎而有品味的人。

以《康熙来了》为例。大家一定觉得《康熙来了》是挖人隐私的节目，希望来宾透露多一点才过瘾。错！"康熙"主持人最常做的事，反而是在保护、阻止某些人说得太多。有时来宾在现场失控"爆料"，蔡康永和小S就会设法把话题岔到别的方面去，这个时候就能体现两位的机智了。

有时候我们要会说一些善意的谎言，这并不是虚伪，而是对其他人的爱护。善意的谎言还是需要说的。比如生活中，面对诸如"我是不是胖了""我的穿戴如何"这类与原则无关紧要的问题，你如果实话实说，也许会大煞风景。这时你就可以毫不犹豫地回答："不会呀""好看极了"。多称赞几句，别人开开心心的，你也无损于"良心"。

除了不出口伤人，说话还要有自己的特色，让自己变成一个会"讲故事"的人。讲故事是一件说话的法宝，会让你百试不爽。无论是做报告、开会、道歉还是要求加薪，你会不会说话，你有没有能力去想象、揣摩听你讲话的人的心情，都是很重要的。

此外，把做自己和有礼貌统一起来。比如，要会认输。遇到别人意见与你不一样时，你可以保留，甚至认输，吃一点口头上的亏无所谓，把胜利让给对方，你又悄悄地成为一个大度的人了。再比如少说"我"字，多说"你"和"他"，这一点我们在下一节也会提到。当然也不要无顾忌地评论，即使你有理。例如在微信朋友圈里，有不少人习惯只用简短的语言隐晦地表达自己的心情，而你作为不知情的旁观者随意评论，可能会在不经意间伤害到别人，也会显得不礼貌。

因此，做自己跟没礼貌常在一线之间。

2
当每个人都想聊自己的时候

几乎所有的人在和大家聊天的时候，都是先聊自己的感觉，自己的事情，自己的痛苦，自己的情绪，很少会关注到别人。

"喂，你现在方便说话吗？我想跟你说会儿话，唉，我最近好苦恼"。

"我才正要找你呢。我最近也是霉运连连，回到小窝里女友天天跟我吵，到了单位有一大堆杂七杂八的事没完没了；我妈前些日子膝盖积水走路不方便，不得不天天上医院看，里里外外忙得我是焦头烂额，分身无术。我跟你说……"

"这样啊，那你要赶紧按轻重缓急处理好啊，唉，我跟你讲啊，我最近啊……"

当你忘乎所以地讲自己的事情的时候，你对面的人时而点头，时而微笑，时而替你着急，看似在认真地听你说话，对你表示关注，你真的会觉得他是一位值得倾诉的对象吗？实际上他可能早就不爱听了，只是碍于面子硬撑着。

　　谁都有故事，但同病相连只会是一时，感同身受是不可能的，就像失恋的时候我们总爱跟周围人诉说，会一张一张地抽纸巾来擦眼泪，而周围人只能看到你很难过，毕竟失去一段珍贵的感情，任谁都不能立刻就放手，只是别人无法感受到你有多难过，内心有多痛，因为不知道你经历了什么，所以不太可能感同身受。那些所有惯常使用的安慰的话，有可能让疼痛暂缓一下，但不是救命丸，不能从根本上挽救你。

　　就因为我不是你，我们在聊天的时候才不可能时时刻刻都以对方的感受为主，不可能想要倾听的时候就选择关上自己的嘴巴，打开自己的耳朵和心，来听对方到底讲了什么。

　　F小姐是一位南方姑娘，乖巧又漂亮，工作起来也很认真，因此身边总不缺乏追求者，各种各样的男孩子围绕在身边。其实她还从来没有谈过恋爱，她的内心也一直坚守着：没有喜欢的，宁愿单身到底。这样的坚守，让她高不成低不就，非常的无奈。她既期待自己的白马王子早点来，又觉得身边的追求者都不是自己真正喜欢的而无法接受。曾经追求他的男生早已经当了爸爸，温暖地照顾着家人，她还是孑然一身。

　　她每次看到抱着孩子的姐妹们心里都会有一股莫名的失落。她的父母开始着急了，再不嫁出去就成老姑娘了，只要一回老家，她就被逼着参加各种相亲。她心里不顺畅，一有空就在几个好友的微信群里吐槽，或者在朋友圈里发一顿感慨：白马王子在哪儿，谁是可以依靠的人？她非常感慨为什么自己遇不到喜欢的人，为什么有的人可以一见钟情。起初还有朋友愿意安慰她几句，可是说着说着就都说到自己身上去了，说自己也会被催，自己也不着急，缘分是注定的事，急不得，要是我就怎样怎样。F小姐越听越生气，觉得大家根本考虑不到她的实际情况。

自己对自己的利益会更加重视，自己的感受才是最真实的，每个人都在从自己的角度出发。F小姐的朋友们也是从她们自己的角度出发，用她们自己的事例来开解F小姐的难处，为什么F小姐还会觉得这些朋友不可理喻呢？这是因为大家聊天的时候出发点是自己，开口"我"闭口"我"，没有站在对方的角度来看待问题。毕竟要感同身受，要认真地去聆听真的很困难。

在科技这么发达的时代，人和人的交往看似快捷了，其实却增加了难度。树怕扒皮人怕见面，面对面可以从对方的表情、眼神看出对方到底有没有认真听自己讲话，但通过手机上的各种软件就没法轻松地判断了。你在这头说个不停，眼巴巴等待对方提出一些让自己豁然开朗、茅塞顿开的观点和答案，而对方也许仅仅回复一个表情，几句敷衍，甚至你等上半天也不一定有回复。对方那个时候在干吗？天晓得。可能在和别人聊天，可能在看新闻，可能在发呆，也可能在吃饭，还有可能已经忘记你这茬了。于是你会觉得自己的情感被浪费了，对方根本没有将你放在心里。

当然你也可以想想自己在聊天的时候，有没有做着同样的事，浪费掉朋友的信任和他的感情。毕竟我们不会一直跟别人倾诉，偶尔也会听对方倾诉的吧。作为倾听者，你的脑子可能总是不受控制地遨游天际，然后自然而然地又想到自己，脱口而出就是"我怎么我怎样"。

怎么改变这种状态呢？面对面聊天的时候，我们做聆听者，尝试不以"我"来开头说话，初期即使会忍不住，也试试看把目光投到对方身上，心里哪怕只是想着"唉，昨晚我吃的那碗羊肉粉给的也太少了点""鱼香肉丝如果有鱼的话，那么做老婆饼的就倒霉了"这样无关痛痒的事情，这样慢慢地是不是就能把注意力投到对方说的事情上了呢？当然这个时候脑袋也不要忘记思考，毕竟还要反馈给对方意见。

不以"我"来开头说话，因为"我"是第一人称，是以我而不是以对方为中心的。"我认为""我觉得""我想"，尽量少用这些口头语。有意识地用"你"把话题转给对方，让对方畅所欲言，这样谈话就会非常顺利。这听起来很容易，不就是不说"我"吗？你可以试试看，跟朋友聊天十分钟，不要说出"我"字，每次想说"我"字时，就把这个第一人称改成"你"字或"他"。你会发现这十分钟里面，因为没有了"我"，"我觉得……""我认为……"全都变成"你觉得……""你认为……"，对方得以畅所欲言，你们之间的气氛越来越融洽，相处得越来越好。

如果是通过手机软件交流，试试安下心来仔细看看对方发来的文字信息，或者仔细听听对方发来的语音，想一想这样的事情你要怎么跟对方说，感同身受很难，至少可以试着靠近一点点。其实说不定对方只是想要找个人来倾诉而已。

试试聊天的时候不要只想聊自己，也听听对方聊什么。做个好朋友，让他知道无论他怎样你都在，其实也是一件幸福的事情。

3
受欢迎的人从不会踩地雷

很多时候，你不受欢迎并不是别人不愿意理你，而是你在人际交往中不幸踩中了雷，让人敬而远之。

在职场中，很多人虽然都非常重视人际交往，但遗憾的是，还是经常会遇到这样的尴尬：时常在不知不觉中被同事疏远，总是在无因无由中被上司冷淡，不断在莫名其妙中被客户抛弃……当遇到上述职场寒流的时候，你是不是会抱怨职场的势利和无情？是不是会担心前途的黯淡和坎坷？

想要生活更顺心顺意一些，好的人际关系必不可少，即使不能做到四海之内皆兄弟，也要做到工作中、生活里尽可能多一些朋友。事实上，一个人是否受欢迎，最关键的因素是自己的"行为"——也可以称为"社交能力"。一般而言，在专业能力差不多的情况下，具备良好社交能力的人，更容易在别人心中留下良好的印象，并借此获得更多的机会。

有一对年轻的夫妻，非常恩爱，就连每天的穿衣打扮，老公都会问老婆的意见。老公每天出门时都会问老婆："我这样穿可以吗？"因为这个老公一向对穿着十分讲究，出门时干净整齐利落，剃须香水发泥一样都不能少。但是，从去年投资创业失败开始，因为生活有些拮据，老公就不太那么留意自己的外表了，但他还是会每天问老婆自己的穿着是否体面。

这一天，老公和往常一样问老婆："我这样穿可以吗"？

这天，老公穿的是一件黑色套头的卫衣和一条米白色的裤子，外加红色的运动鞋。这种黑、白、红搭配，给人的感觉很杂乱，而且那衣服的黑很浓，像墨汁，让人有些压抑。于是老婆笑着说她不太喜欢这个黑色。可是话一出口，她就感觉踩着地雷了。"管他呢，随便穿。"老公的脸顿时就拉下来了。老婆呆呆地看着老公，心里一阵委屈。说实话也不行吗，怎么说话这么难？

学会揣测别人的意图很重要，即使面对老公，也并不是你心里想什么就能说什么，而是要看老公心里需要得到怎样的反馈；说出你的想法不是本事，能一言说出他的想法才是本事。老婆当时其实只要说一句"不错，很休闲"就可以了，就这么简单，因为结果会是同样的。有时候我们问别人，不是需要别人给意见，而是需要他们肯定自己。

为什么我们说话的时候常常踩到地雷，不知不觉就得罪了人，就是因为不会说话，不懂得揣摩别人的意思。有种说法说，和人相处，要尽量顺着对方，说出对方想说的话，带对方去想去的地方，做想做的事情。从前朝廷大臣揣摩圣意，大概就是如此吧。

良好的社交能力能够使人变得受欢迎，亲人也不例外。而想要具备这种能力，关键其实就是自我约束，尽量避免做出惹人厌的行为。那么，一起来看看你是否也有这些行为，使你无意间踩了雷。

第一、说话要注意分寸

俗话说得好，已所不欲勿施于人。凡事先想如果事情发生在自己身上会怎么样，自己都不爱听唠叨，再对着别人唠叨就是折腾人了。设身处地地为别人想一想，将心比心，就会让别人觉得和你相处轻松愉快，从而愿意更好地和你做朋友。

第二，对于刚开始接触的人，更要注意"交浅言深"

你和他刚刚认识，你就吐露心扉，这就说明你这个人不知轻重不成熟，还会让人猜疑你居心不良。初次接触时，挑一些轻松愉快的、彼此都感兴趣的话题比什么都好。毕竟试玉要烧三日满，识人须待七年期。哪些话题他喜欢，哪些话题是他的禁忌，只有在深入了解一个人之后才可能知道。

第三，为人一定要和善

这一点说起来简单，做起来很难。如果你在路上正常开车，忽然有车别你一下后一溜烟跑远了，你气不气？恐怕你接下来不是一脚油门轰上去看究竟是哪个猴子开的车，就是在车里大骂几句。人是一种很敏感的动物，既能感受别人带来的善意，也能感受别人的恶意。一个不和善的人，他散发出来的气息一定是恶意的。有谁会愿意主动接近恶意呢？

第四，不要自大傲慢、攀大名

自大傲慢是公认的最让人讨厌的特质之一，而"攀大名"这种行为，通常最容易被他人贴上自大傲慢的标签。所谓攀大名，是指不断提到自己曾经接触过的名人或机构，借以树立自己的光辉形象，有点借大树打广告的感觉。比如名片上的诸多职务，再比如吹嘘自己的能量有多大，曾经见过什么大人物，甚至拿出合影来证实——其实那个大人物未必记得他。这种行为尤其容易发生在社交场合或职场的谈话中。过度自我膨胀，容易被人看不起。

第五，适当谦虚可以，但不要过分自谦

某次期中考试后的家长会上，甲家长问乙家长："你家孩子考得怎么样？"乙家长唉叹一声："考得不好！"然后轻轻地

说："数学才得98分，那2分按理不应该错。"甲家长一愣，转而说起了别的话题。

像乙家长这种人，明明已经比大部分人都好了，却总爱说自己不好，这样的"过分自谦"容易给别人一种企图以自抑凸显优越或博得更多赞美的感觉。虽然这种人可能只是认为自己还未达心中理想的标准，但是听者有心，反而常常会带来反效果。因此，我们要在自大与自谦之中寻找到一个完美的平衡点。

第六，懂得倾听，切勿刚愎自用

刚愎自用、心胸狭窄的人常常不知变通，和别人谈话容易有先入为主的观念，不愿意接受其他意见。这样的人在与人交流中并不讨喜，很少有人会愿意与其合作。。

不要刚愎自用，并不是意味着必须完全听从对方的意见，而是要你摒除成见，耐心倾听，适时表达自己的意见，以便于互相了解彼此在想些什么。

第七，少"碎嘴"，少八卦

有这么一种人，他们喜欢在背后议论别人，说一些不知从哪听来的小道消息，试图借此增加对话的趣味性，殊不知这种行为非常贬低自我，并且很容易给对方造成一种"双面人"的感觉。渐渐地，这种人会失去其他人的信任，没有人敢把自己的真心话告诉他。

第八，最好不要边谈话边玩手机

说到社交的大忌，绝对非手机莫属。设想你和一个人正在聊天，当你说得滔滔不绝、口沫横飞的时候，对方却不时地看手机，时不时"嗯、啊"着对付你几下，你心里一定很不舒服吧！这实在是挫败别人说话兴趣的一个好方式。

聊天时，不妨放下你手头的电子产品，将目光放在对方身上，认真聆听对方说话。你可以偶尔针对他的分享提出几个问题，让对方感觉到你在跟随他的步调、专注在互动当中。

当然，人际交往中除了以上雷区，还有许多细节需要注意，细节决定成败用在这里也比较合适。

总而言之，与人相处的每一个环节，都会影响他人对自己的观感。懂得自我检视，可以使自己成为一个更受欢迎的人。

4
初次见面，怎样说好第一句话

无论是在职场还是在生活中，人与人之间的交往都是通过语言来实现沟通。初次见面，一句悦耳动听的开场白，可以打破冷场，引入话题，让对方觉得你是一个容易接触的人，有想跟你继续交流的欲望，从而给对方留下深刻的第一印象，你们还有可能成为无话不谈的知己。同样的，一句不中听的话，很可能会破坏交谈的气氛，从而失去交朋友的机会。

现实中有人比较害羞，不善于说话，不知道该从何说起，于是出现冷场，交不到朋友，自己也很郁闷。那么，在与陌生人初次见面时，应该如何打开对方的话匣子，让谈话自然而然地展开呢？下面列举几个原则和一些实用的技巧。

一、第一句话就把问候送出去

初次见面，当然也包括与熟人相遇，问候总是不可或缺的，从一句最简单的"您好"开始打招呼。"您好"是向对方问候致意的常用语。如果能因对象、时间的不同而使用不同的问候语，效果则更好。比如：对于德高望重的长辈，可以说"您老人家好"以示敬意；对跟自己年龄差不多的人，称先生、女士显得更加亲切；对医生、教师等，可以在问好的时候加上职业称谓。接下去介绍你的姓名、籍贯等，说话的时候要微笑，相信很多人看到这样的人都是想要将谈话进行下去的。只要自己迈出这一步，慢慢越聊越熟悉，很多好朋友就是这样来的。

二、通过攀亲戚、聊老乡拉近彼此距离

刚见面的两个人肯定是陌生的，对彼此不熟悉，不拉近距离的话就显得太生疏、太遥远。其实，任何两个人，只要彼此留意，就不难发现双方有着这样或那样的"亲""友"关系。正所谓，一个人与另外一个人认识的话中间不超过六个人。找到与对方存在的关系，从关系开始聊起来。赤壁之战中，鲁肃见诸葛亮的第一句话是："我，子瑜友也。"子瑜是诸葛亮的哥哥，也是鲁肃的挚友，短短的一句话就拉近了鲁肃与诸葛亮的关系。其实，很多人初次见面都是熟人介绍熟人，总能找到这样或那样的关系。

亲戚、老乡这类较为亲近的关系会给人一种温馨的感觉，使交际双方易于产生信任感。特别是突然得知面前的陌生人与自己

有某种关系，更有一种惊喜的感觉。故而，若得知与对方有这类关系，寒暄之后，不妨直接讲出，这样很容易拉近两人的距离，使人一见如故。从人的心理上来讲，每个人的潜意识中都有一种"排他性"，对自己的或跟自己有关的事物往往会不自觉表现出更多的兴趣和热情，对跟自己无关的则有一定的排斥性。因而在交谈中点出这类关系会使对方意识到两人其实很"近"。这样，无论对方地位在你之上或你之下，你们之间都能较好地形成坦诚相谈的气氛，打通初次见面由于生疏造成的心理上的"设防"。毛泽东同志就常用这种"拉关系"的技巧。建国后接见民主人士时，凡是与他有点亲戚关系的，或是有师生、故友关系的，往往是刚一见着面，没出两三句话，他就爽直地和盘托出其间丝丝缕缕的关系，在"我们是一家子"的爽朗笑声中，气氛亲热了许多，使被接见者倍感亲切。

与陌生人接触时，要懂得积极寻找与对方的共同点，也就是我们俗话说的会"套近乎"。套近乎是与人交往的基本功，如果能先与人建立起一种比较亲近的关系，接下来的交流就会顺利很多。

不过有一点要注意，攀关系不能攀得太远，不然会惹得别人反感。比如电影常见的桥段"您是我大姑的表弟的儿子的女朋友的哥哥"，这样都不知道是什么关系的关系，更有一种拍马屁的感觉。攀关系一般不要达到第三层，其间的关系要让人一听就能明白，比如，"您是我大姑的表弟"，很容易让人确定两人之间存在什么关系。

三、用敬重仰慕的方式让人感受到尊重

对初次见面者表示敬重、仰慕，让别人找到舒服的感觉，这是热情有礼的表现。比如，"您的作品我读过多遍，受益匪浅。想不到能来这里一睹作者风采""方老师，听说您是山水画的专家，请多多指教"。

用这种方式必须注意，要掌握分寸，恰到好处，褒奖适度，不能胡乱吹捧，不近事实，让别人无所适从，同时谈话的内容要因时因地而异。还要注意不要说"久闻大名，如雷贯耳"之类的过头话。过头的话，不是敬重别人，反而有点取笑别人的意思，让别人难堪。

四、剖析对方的名字来引起对方的兴趣

名字不仅是一种代号，在很大程度上还是一个人的象征。初次见面时能说出对方的名字已经不错了，若再对对方的名字进行恰当的剖析，就能更上一层楼。譬如一个叫"建瓴"的朋友，你可以谐音地称道："高屋建瓴，顺江而下，可攻无不克，战无不胜，这个名字可谓意味深远呀！"或者剖析其姓名，引出大富大贵、前途无量之类的话，也未尝不可。总之，适当地围绕对方的

姓名来称道对方不失为一种拉近初次见面距离感的好方法。

五、从对方的外貌谈起

每个人对自己的相貌都是在意的，只是程度不同而已，恰当地从外貌谈起就是一种很不错的交际方式。

有个善于交际的朋友在认识一个不喜言谈的新朋友时，很巧妙地把话题引向这个新朋友的相貌："你太像我的一个表兄了，刚才差点把你当作他，你俩都高个头，白净脸，有一种沉稳之气……我真有点分不出你俩了。""真的？"这个新朋友眼里闪着惊喜的光芒。他们的话匣子就这样打开了。他把对方和自己表兄并提，无形中就缩短了两人之间的距离，接着在叙说两人相貌时，又巧妙地给对方以很大的赞扬，从而使这个不喜言谈的新朋友也动了心，愿意与其倾心交谈。

六、聊现在的当红偶像，或寻找共同的兴趣点

如果陌生人是一位女性，那么这个话题就更有吸引力，更容易打开对方的话匣子了。你可以先向她展示你自己喜欢的偶像，然后再问一下她有没有喜欢的偶像。如果非常幸运你们两个喜欢上了同一个人，那共同语言就会特别多，可以说关于这个人的一些节目，还有他的作品，还有你对他的感觉。如果不是同一个人的话，你们也可以有非常多的共同语言，比如她对你偶像的看

法，你对她偶像的看法，大家可以互相交流。

如果她没有喜欢的偶像的话，你可以问一下她平时喜欢做什么事情，她有没有别的兴趣爱好。她说的这些兴趣当中，肯定有一个或者是几个是你稍微感点兴趣，或者是有点了解的，你就可以根据这一点跟她进行深一步的交流。

七、聊当下比较热门的微博话题以及最新的潮流新闻

聊当下比较热门的微博话题以及最新的潮流新闻很容易打开话题，尤其是那些一次又一次刷新我们三观的话题。你可以问对方是否看过这个新闻，然后再接着问对方对此次事件的看法。有些话题极容易找到共同语言。

如果你事先已经知道了对方是从事什么工作或者有什么兴趣爱好的话就更好说了，可以先询问对方的职业，说说你对这个职业的了解，在这个过程中对方会和你说他自己的看法，这样话匣子就打开了。如果两个人在交谈中慢慢发现有共同的兴趣，话题就自然而然地出现了。互相交流经验或者想法，拥有共同的兴趣会更快速地认识到对方。

很多陌生人都是看你的交谈才会决定要不要跟你合作，所以一个人谈话的风格是从每次跟陌生人的交谈中慢慢锻炼出来的。跟陌生人聊天要注意自己的言行举止，不然会导致陌生人反感。要和陌生人打开话匣子需要不断地尝试，因为无论是谁都没有第

一次的经验，都会胆怯、害羞，心里也许会想"如果别人不理我怎么办"，或者是"他/她会不会觉得我很傻"等问题。其实这些都是不重要的，重要的是自己放宽心，除了有心事的人，很少会有人这样做，一般情况下都会礼貌的回复他人。

与陌生人打交道，谁都会存在一定的防备心，这是初次交往的一种障碍。相貌好看的人可以用外表吸引别人的目光，让人愿意主动与之攀谈，但大部分是外表平平的人，他们就要想着如何说好第一句话来引起对方的兴趣，让双方在说完第一句话之后都还有继续聊下去的意愿。

5
换位思考，站在对方角度思考问题

任何事情，都只有将心比心，站在对方的角度思考问题，才能处得长久。一头猪、一只绵羊和一头奶牛，被牧人关在同一个畜栏里。有一天，牧人将猪从畜栏里捉了出去，猪大声号叫，强烈地反抗。绵羊和奶牛讨厌它的号叫，于是抱怨道："我们经常被牧人捉去，都没像你这样大呼小叫的"。

猪听了回应道："捉你们和捉我完全是两回事。他捉你们，只是要你们的毛和乳汁，但是捉住我，却是要我的命啊"！

人生在世，各有各的生活，也各有各的苦难。各人立场不同，所处的环境也不同，很难做到感同身受。当你觉得容易的时候，肯定是有人在替你承担着那份不容易，因此生活应经常换位思考，珍惜才配拥有。

从不同的角度去看同一件事，就会有不同的见解，而见解不同，结果自然也会不一样。

一人请一个瞎子朋友吃饭，吃得很晚。瞎子说很晚了我要回去了，主人就给他点了一个灯笼。瞎子很生气地说："我本来就看不见，你还给我一个灯笼，这不是嘲笑我吗？"主人说："因为我在乎你才给你点个灯笼，虽然你看不见，但是你拿一个灯笼别人就能看见你，这样你走在黑夜里就不怕别人撞到你了。"瞎子听后很感动！

　　叶圣陶先生在教育子女多为他人着想时举过一个例子：一位父亲让儿子递给他一支笔，儿子随手递过去，不想把笔头交在了父亲手里。父亲就对儿子说："递东西给人家，要想着人家接到手方便不方便。你把笔头递过去，人家还要把它倒来，倘若没有笔帽，还要弄人家一手墨水。尤其是像刀剪一类物品，决不可以拿刀口刀尖对着人家"。

　　当我们面对某个问题时，如果仅从自己的利益得失出发去考虑，而置别人于不顾，往往就会失之偏颇，甚至伤害他人。凡事设身处地，换一角度为他人着想，原本疑惑不解的问题，就可能会变得豁然开朗。

　　著名女高音歌唱家玛·迪梅普莱有一个美丽的私人林园，每到周末总会有人到她的林园摘花或采蘑菇，甚至还有人搭起帐篷，在草地上野营野餐，弄得林园一片狼藉。尽管管家在林园四周圈起了篱笆，并在挂着的木牌上面提醒"私人林园，禁止入内"，也没有明显效果，林园依然不断遭到践踏、破坏。无奈之下，管家只得向迪梅普莱请示如何解决这个问题。

迪梅普莱便让管家做了个更大的牌子立在了路口，上面醒目地写着："如果在林园中被毒蛇咬伤，最近的医院距此15公里，驾车约半小时即可抵达。"从此再也没人敢闯入林园了。

仅仅换种说法就收到了意想不到的效果，虽然是"无中生有"，还有点"危言耸听"，但这位女歌唱家的聪明之处在于她没有像管家那样只是站在自己的角度考虑问题，而是换了个角度替那些游玩者考虑，从而增强了说服力和感染力。

在现实生活中，人们常常忽略换位思考，总是把自己的利益放在第一位。从"己所不欲，勿施于人"到"以言责人甚易，以义持己实难"；从《自由论》的"只知己而不知彼者，对己亦知甚少"到《艺术与生活》的"如果我们了解别人也像了解自己一样，那么对最可谴责的行为，我们也会感到应该宽容"，这些都告诉我们，要学会换位思。

有这样一则小故事，说的是一个人搭乘火车，上车后他坐在一个靠窗的位置，火车刚刚缓缓开动，他不小心把一双新鞋弄丢一只在车窗外。有人说你快跳下去捡鞋子，可他非但没有跳下去捡鞋子，反而把另外一只鞋子也仍了下去。人们议论纷纷，都说他太笨了，而他只是以一种淡然平静的口吻说："在你们看来我或许真的很笨，但是跳下去捡鞋子有两种可能，一种是我安然无恙地把鞋子捡回来了，但是我耽误了行程；另外一种就是在我跳下去的瞬间我摔断了腿或者成为了轮下之鬼。我留着这一只鞋子也没有用，而我把鞋子扔下去，如果刚好被有需要的人捡到，那他就可以拥有一双鞋子，而不是一只鞋"。

生活中许多事情都充满了矛盾。正是因为这样，人们的关系往往处于和谐与非和谐之中。为了消除人际关系间的不和谐因素，我们就应该学会"扔鞋"，懂得换位思考，把自己的位置换到对方的角度考虑问题。

"换位思考"并不深奥难懂，相反的，它在生活中随处可见，伴随在我们的左右。如果我们站在别人的角度思考问题，许多冲突和矛盾都可以解决。可是对于一些人来说，这却不是一件容易的事情，因为换位思考需要暂时忘记自己的想法，设身处地地去替他人考虑。

当遇到想不通的事情的时候，换位思考可以帮助你走出死胡同，找到解决问题的方法，特别是在处理人际关系的问题上，往往会产生神奇的效果。通俗来说，换位思考其实就是将心比心，假设自己是对方，此情此景下可能会出现什么样的反应，又是什么因素促使他做出某些举动，从而让自己能理解对方，避免矛盾升级，甚至挽回一段濒临破裂的关系。

在沟通上，最简单的换位思考就是不让别人尴尬，不问难堪的问题，所问的问题要让对方愿意回答也回答得上来。简而言之，就是你说的话，别人要接得上。问的问题越具体，回答的人越省力。回答的人越省力，他就越有力气和你聊下去。

"你喜欢去什么样的国家旅行"比不上"你旅行时被骗过钱吗"。

"你喜欢什么样的男生"比不上"你喜欢王力宏那样的男人吗"。

问问题，最好有"退路"，也就是说，就算对方回答"没有被骗过钱"或者"对王力宏那样的男人没有感觉"的时候，你自己也应该有些相关的趣事可以讲。

要不然，你的问题就应该是其他你有话可说的话题。

如果你也没被骗过钱，那你比较适合改问：

"你旅行时会乱买东西吗"或"有没有搭错车过"等你自己也有故事可说的话题。

人是有感情的社会性动物，需要别人的理解。换位思考是一种理解，也是对人生的一种领悟。将心比心，设身处地地为他人着想，即想人所想，理解至上的一种处理人际关系的思考方式，是达成理解不可缺少的心理机制。众所周知的"以病人为中心""以消费者为中心""以学生为中心"的呼吁都是换位思考在生活实践中的具体体现。孔子"己欲立而立人，己欲达而达人"以及孟子"老吾老，以及人之老；幼吾幼，以及人之幼"的说法中都包含着以己度人、推己及人、将心比心之类的换位思维方法。

　　而以自我为中心，凡事以"我"为出发点而忽略或不顾他人的感受的做法，看似是损害他人实则是损害自我。

6
别把赞美做得像拍马屁

据调查，我国每100位成功人士当中，就有67位认为自己在人际交往方面有欠缺，他们遇到的心理障碍其实就是拉不下脸来赞美别人。而93.7%的美国成功人士都认为，最重要的一门功课就是赞美别人。

为什么中美存在如此巨大差别？很多时候我们对于赞美别人有种误解，认为这是一种让人讨厌的"拍马屁"行为。其实赞美和拍马屁看似形式相同，都是说别人好话，实则本质不同。

《三国志》里有一个非常了不起的人物，他比诸葛亮的才能有过之而无不及，如果不是英年早逝，曹操的统一步伐会更加顺利。这个人叫郭嘉，他用实力给我们演绎了什么是真正的赞美。

郭嘉原来是袁绍的人，后来投奔了曹操。在曹操决定和袁绍开战之前，两军实力悬殊，郭嘉从战略角度仔细分析了双方的优劣势，总结出曹操有十胜，袁绍有十败。

（1）袁绍礼仪太繁琐，出门各种仪仗，威风凛凛，而曹操自然得体，这是道胜于袁；

（2）袁绍早有做皇帝的心思，代表了反叛力量，而曹操天子在手，代表着汉室正统，这是义胜于袁；

（3）袁绍以宽济宽，没有吸取东汉灭亡的教训，不能整饬危局，而曹操以严治政，全军上下都依法行事，这是治胜于袁；

（4）袁绍看似宽宏大量而内心多疑，唯亲戚是用，没有容人之量，而曹操用人时表面上看似简单容易内心却明白清楚，用人不疑，唯才是举，这是度量上胜过袁；

（5）袁绍虽然有很多谋略，却缺少当机立断的气魄，而曹操善于听取别人见解，应变能力无限，这是谋略胜过袁；

（6）袁绍好大喜功，会吹捧装裱自己的人大多投靠他，而曹操能做到诚心待人，忠诚、正直、有远见的人都愿意归附于他，这是道德上胜过袁；

（7）袁绍见到人饥饿寒冷，忧虑地念着他们，从脸上就可以看得出来，但对看不到的，他都不去考虑，而曹操对眼前的小事可能有时会有疏忽，但对于大事，四海之内，给他们恩赐，都超过他们所期望的，即使看不到，所做的考虑没有不周全的，这是仁胜于袁；

（8）袁绍手下的大臣争权夺势，谗言迷惑祸乱，而曹操用道德统治下士，邪恶的事不能做，这是明智胜过袁；

（9）袁绍是非不分，而曹操认为正确的就用"礼"来推行它，错误的就用法律加以纠正，这是文胜于袁；

（10）袁绍虚张声势，不知用兵之道，而曹操用兵如神，士兵愿意卖命，这是武胜于袁。

这十胜十败论让曹操和各战将心悦诚服，曹操大喜。相信如果你在现场听到郭嘉的赞美，也会从内心觉得佩服，而不会认为这是拍马屁。

存心拍马屁，既让人看不起，也不见得有什么好结果，但是完全不拍马屁，则大多一生坎坷。

想赢得上司的青睐，保证同事间的和睦，可以有好几种方法，比如赞美他人，赞成他人的意见，帮助他人做事，等等，其中赞美是最有效的。赞美是成为一个受欢迎的人的必备手段，是建立良好人际关系的基石。但在办公室里，有些人的"赞美"总让人感到恶心，他们像戴着假面具的小丑，一味地想通过向上司大献殷勤轻而易举地得到提升，而不想通过努力工作而获得成功。

赞美是建立良好的人际关系，使自己的工作得以顺利完成、目的得以顺利实现的一种方法，而并不是不分场合地乱拍一气。成功的赞美是一种为人处世的技巧。

赞美与"拍马屁"究竟有什么不同？赞美是否就是"拍马屁"？怎样才能让自己对他人的赞美不变成"拍马屁"？

拍马屁一般没有规划，想到哪里就拍到哪里，口蜜腹剑，顺口搭音地吹捧，讲究的是快速反应。拍马屁常常是凭空捏造的，无理无据的。拍马屁是存在一种目的，一种对眼前或日后能获得"回报"的投资。拍马屁一般止于当场，不会有后续传播。"拍马屁"者在"赞美"他人的时候，脸上虽然会眉飞色舞，但却总有几分不自在；尽管他的言语是甜蜜蜜的，但他的内心其实是一片冰冷的。他在赞美一个人的时候，心里想的可能只是如何顺利办完与自己利益相关的事，如何获得自我满足。

赞美是深思熟虑的一种发自内心的行动。真诚的赞美是实事求是的，是有理有据的。它反映的是一个人对另一个人的认可。只有了解一个人才能做到赞美得有的放矢，因为熟悉之后才有热爱，热爱之后才有发自心底的由衷的赞美。但是每个人都是多样的，因此看人要从不同角度入手，从他的一举一动，谈吐举止等，发现他被埋没的追求，然后用最含蓄、真诚、客观的方式，点到为止地提出赞扬。

赞美是一种说话的艺术，运用得当，会使被赞美者心情愉悦，赞美者自己也能从赞美他人的过程中感受到快乐。

但是，赞美也需要注意，以免适得其反。

一、赞美要建立在真实性的基础上

言过其实的赞美容易转移到拍马屁上。例如，赞美其写了几篇文章便美其名曰"作家"，其实离作家的水平还差十万八千里。脱离实际的吹捧令人尴尬，稍有自知之明的人听了只会感到羞愧难当，极少可能认为是赞美。

二、赞美要具有一定的独创性

同时在场的有两个女人，你说第一个女人貌美如花，再对着第二个女人依然说貌美如花，就算她真的貌美如花，她也会觉得这个赞美太虚假了，你用在了别人身上怎么又会用到我身上呢？赞美也要讲究独创性，没有自己的思想见解，而去胡吹乱捧，结果只能适得其反。

三、赞美要适时适地恰到好处地肯定

例如，一个羞于回答问题的女学生，只要她有勇气举起手来，老师就会给予鼓励性表扬，这就是最好的赞美。

四、赞美需要慷慨博大的胸怀

心胸狭窄、自私吝啬、嫉妒成性的人是不肯去赞美别人的，这种人看到别人的成绩就犯"红眼病"，容不得别人比自己强，总想通过否定别人来肯定自己，掩盖别人的优点来突出自己，打击别人来安慰自己。

赞美也有几个层次。第一个层次是赞美在表面上大家都看得到的东西，比如长相、衣服、钱财、物品，等等。这属于浅层

次、低级别的赞美，听听也没什么，高兴一下就行，说多了容易让人反感；第二个层次是赞美别人取得的成绩。比如"您今天的成绩我是一辈子都赶不上的啊"这类的话。但是这个层次的赞美需要把握尺度和分寸，说好了锦上添花，说不好很容易引发不良反应；第三个层次的赞美就高级多了，它的重点放在称赞对方的价值和影响上，比如"我觉得论能力、水平、资格、地位，只有您能帮我这个忙"等诸如此类的话。它高明就高明在，其实是表明对方在你心目中的地位和影响；赞美的第四个层次，就是抛开所有的技巧，赞美对方的人品，而且说得越人性化越好。它之所以成为最高一层的赞美，是因为这样的赞美一般对方不仅不会直接否认，还会最大限度地体现你的忠诚度，提高对方对赞美者的信任。

当然，这四种层次不是单一存在的，它们经常同时出现，也可能组合出现。

古人云："良言一句三冬暖，恶语伤人六月寒。"赞美就是用美好的语言和行为去肯定、称赞、鼓励某人某物某事，会使生活变得轻松、愉快、和谐。我们应该努力学习并倡导赞美，赞美父母的辛勤养育之恩，赞美同学勤奋好学，赞美同事爱岗敬业，赞美故乡的浓浓深情……简而言之，生活离不开赞美，人人都需要赞美，让我们以热爱真善美的心灵去感受和赞美，释放心灵的钥匙，放飞真善美的翅膀。

7
不要吝啬你的肯定和欣赏

每一个人，无论年龄如何，遇到哪怕一点点小成绩或者跨越一个小障碍的时候，内心一定都会有一句独白"快夸我，快夸我"。美国心理学家威康·詹姆士指出："渴望被人赏识是人最基本的天性。"回忆我们自己的成长经历，谁没有热切地渴望过他人的赞美？既然渴望赞美是人的一种天性，那么我们在工作中就应学习和掌握好这一智慧。

1968年，罗森塔尔教授做过一个心理测验，测验的对象是从一年级到六年级选择的18个班的学生。测验之后，他将20%的学生名单交给了校长和任课老师，并告诉校长和老师，名单上的学生非常优秀，预测他们未来都会有很好的发展。

结果，让人感到惊奇的是，凡是上了名单的人，成绩都有了大幅提高，他们活泼开朗，自信心增强，求知欲旺盛，连和人打交道都特别积极主动。

其实，校长和任课老师并不知道，这份名单只是教授从所有实验对象中随机选出来的。校长和老师得知这个"谎言"的时候，心里面就产生了积极的心理暗示。导致的结果是，校长和老师对名单上的学生给予了积极的回应和态度，当然包括不同程度的肯定和赞美，从而使这些学生也发生了改变。这种给予他人的积极的期望和态度使他们的行为与这些期望和态度趋向于一致的变化，后来人们称之为罗森塔尔效应，也叫皮格马利翁效应或人际期望效应。

在我们的个人生活中，很多人都被否定过，有一定的自我心理创伤或者说自我效能感低。而从小被某一个老师或者长辈鼓励过，或者是被积极期望过的人，长大以后就会有比较强的自信心，他的人格健康程度也会比较高，这就是心理学上的积极暗示。比如被罗森塔尔教授随意选择的那20%的学生，从校长和老师那里得到了积极的关注，他们身上就产生了相应的变化。

卡耐基也有过这样的经历。他在《人性的弱点》一书中曾写道：他小的时候被称为一个坏孩子，曾偷偷地向邻居家的窗户扔石头，还把死兔子装进桶里，放到学校的火炉里烧烤，弄得臭气熏天。母亲过世后，9岁时，他的父亲为他娶了继母。继母来到他家的时候，父亲指着卡耐基对她说："这个孩子是全镇最坏的孩子，你要提防着他，他可能会给你捣蛋。"继母好奇地走近这个孩子。当她对孩子有了了解之后反驳卡耐基的父亲道："你怎么能这样说自己的儿子呢？在我看来他可能是全镇最聪明、最快乐的孩子。"继母的这句话打动了卡耐基，后来他就按照这样的期望和鼓励去成长，最终成了美国著名的企业家和思想家。

一、没有人不喜爱赞美，喜欢听赞美的话是人的一种天性

每一个人都希望受到周围人的称赞，希望自己的价值被认可，尤其是希望得到朋友的认可。有位企业家说："人都是活在掌声中的，当下属被上司肯定、受到奖赏时，他就会更加卖力地工作。"卡耐基也曾说过："当我们想改变别人时，为什么不用赞美来代替责备呢？纵然下属只有一点点进步，我们也应该赞美他。因为，那才能激励别人不断地改进自己。"美国历史上第一个年薪过百万的管理人员叫史考伯，他是美国钢铁公司总经理。记者曾问他："你的老板为什么愿意一年付给你超过100万元的薪金，你到底有什么本事？"史考伯回答："我对钢铁懂得并不多，我最大的本事是能使员工工作势气高涨起来。"而鼓舞员工最好的方法，就是赞美和鼓励。人们虽然处在极小的天地里，仍然认为自己是小天地里的重要人物，多数人对于肉麻的奉承、巴结会感到反感，然而却渴望对方发自内心的赞扬。鉴于此，我们不妨遵守"黄金原则"：希望朋友对我们如何，我们就对他们如何，发自内心地称赞他。林肯曾经说过："人人都喜欢受人称赞"。

二、从心理学的角度来看，渴望得到他人肯定的心理得到满足，便会成为其积极向上的原动力

人的行为受到动机的支配，而动机又是随着人的心理需要而产生的。比如在训练运动员的过程中，如果教练员能够适时地对运动员所取得的训练成绩加以肯定，很多时候就可以促使运动员完成它，尤其是一直无法完成的某一高难度动作或姿势。我们与人交谈，从某种意义而言，就是一种探求对方需求的过程，通过这种过程，我们知晓对方的心理活动，由此制定下一步的谈话内容。尽量满足对方的渴求，以此获得他人的认可与信任，和谐而欢愉的气氛便油然而生。

台湾作家林清玄去一家羊肉馆用餐，老板对他说："你还记得我吗？"林清玄说："记不起来了。"老板拿来一张20年前的旧报纸，那里有林清玄的一篇文章，那时他在一家报社当记者。这是一篇关于小偷的报道，小偷手法高超，作案上千次，次次得手，最后栽在一个反扒高手的手上。文章感叹道："像心思如此细密，手法如此灵巧的小偷，应该做任何一件事情都会有成就的吧！"老板告诉他："我就是那个小偷，是你的这段话引导我走上了正路"。

连小偷身上都有可欣赏的地方，连小偷也能在欣赏的引导下走上正途，我们周围还有什么人不能欣赏、不能被引导呢？

三、人是感性左右理性的动物

世界上，发生了很多不该发生的悲剧和一些离奇的事情，若从理性上分析，其实都是可以控制的。可往往控制这些理性的东西，恰恰是人的感性。一个人的感性，若真正被你调动了，那么，他想拒绝你，比接受你还要难。无论是在做人，还是在做事上，要想改变一个人，最有效的方式就是：传递信心，转移情绪。人们在心情好时会更讲道理。所以，你要想迅速影响一个人，唯一有效的方式就是先用情感带动他，然后左右他。

四、人人都活在梦想和光环之中

世界上哪个人没有梦想，谁不希望自己头上的光环越来越璀璨？我们的老祖宗留下了人生最梦想的四件大事——久旱逢甘露，他乡遇故知，洞房花烛夜，金榜题名时。我们人的一生都在追寻着梦想，哪怕一个一无是处的乞丐，一个即将被拉上刑场的杀人犯也一样。

心理学家威廉詹姆士曾说过："人类本质中最殷切的要求就是渴望被肯定。"的确，赞美对任何人来说都是必不可少的。当他听到别人赞美自己时，就会感到快乐，力量倍增，反之就会心灰意冷、无精打采，甚至从此自暴自弃。即使他现在还不完美，如果他得到恰如其分的赞美和肯定，那么在不久的将来，你就会惊喜的发现，他已经趋向你所希望的那样完美了。而你与人相处的愉快度就会大大增加，你的人缘也会好起来，你在职场中就更能左右逢源。

8
注意保持你的声音形象

　　我们每天都会接触各行各业的人，但我们真正熟悉的就那几个人，平时接触的大部分人都是仅有几面之缘的陌生人。我们往往需要同这些人一起完成某件事，那怎样确定仅有几面之缘的人值不值得合作呢？有些人会看面相，挑选一些面善的人，但是现在人们越来越会伪装自己，正所谓知人知面不知心，所以通过一个人的面相越来越难认清一个人。到底怎样才能认清呢？其实，我们还可以通过听声音，来判断这个人最终能达到什么高度。

　　季冠霖就是因为声音的美丽，而让大众所熟悉，所以一定要注意自己的声音形象。大名鼎鼎的曾国藩想必大家都不会陌生。他就很擅长识人，非常精通这方面的知识。他身为朝中的大臣，有很多人都来投靠他，他不能去打听每一个人的底细，因此便从人的面相和特征上下功夫以作分辨，这也确实给他帮了很大的忙。后来因为年龄大了，不再有足够的精力通过面相和特征清晰地分辨人了。他就转而从声音来分辨一个人的高低贵贱。那么，如何才能听音识人呢？

第一、听声音的情绪和音色

每个人都是独立的个体，对于每个人来说，说话方式都是不同的，所以音色也会有不同。有些人声音比较尖；有些人声音比较低沉；有些人容易情绪化，声音忽高忽低。如果一个人的音色很飘的话，那么这个人多半没有底气，所以不能担任重任。音色还会随着对方的情绪变化而发生改变，如果可以通过声音很好地表达自己的情绪，那也代表着对方是一个人才。

第二、辨别音调的高低

曾国藩自认为在其听音识人的方法中，这个才是最有效的。如果音调低沉且洪亮有力，代表这人有底气，肯定有才华；如果音调高但底气不足，代表这人是不值得重用的；音调高昂且有穿透力的人一般来说是富贵的人，音调高昂却难听则多是贫贱的人。

第三、说话声音的大小

以一个人说话声音的大小可以看出一个人的内心。并不是说话声音大就是自信，有时候声音大，是用来掩饰一些做错的事。

说话声音小的人，一般都是比较内向的人，和人接触比较少，这样的人没有自信，不敢随意发表自己的观点。说话声音适中平稳的人，会让人感觉舒服，让人乐意接受他的观点。

第四、说话的语速

每个人说话的语速并不是一样的，有些人语速很快，有些人语速偏慢，当然大部分人的语速都差不多。身边有些人说话语速很快，让人感觉这些人说话做事不经过大脑，想说什么就说什么，有些不稳重，这样的人前程也不会太好。为什么这样呢？因为这样的人让人们不放心将重要的事交付于他，会让他错失很多机会。而那些说话平稳的人，会给人一种稳重的感觉，说话做事有理有据、条理清楚，很多方面都能安排到位。对于这样的人，大家会比较放心，希望把重要的事交给这样的人，机会多了，成功的概率自然会大。如果这个人讲话有顺序并且有条理，那这个人就能得到重用。声都是由心生的，曾国藩就是依靠这些技巧来分辨出自己需要的人才的。

人的声音是不能改变的，但是声音快慢和声音大小是可以控制的。一个会控制自己情绪、说话声音适中的人，是比较容易得到别人的认可的。

9
既然开口，就好好说话

　　蔡康永说："You are what you say."翻译过来就是"你说什么样的话，透露出你是什么样的人"。虽然乍听起来这句话有些武断，但是，仔细琢磨一下，还确实是这么回事——从一个人的语言，我们可以大致窥得这个人的为人。

　　就拿《红楼梦》中三个典型人物来说吧，薛宝钗为人左右逢源，说起话来也是滴水不漏；林黛玉爱使小性儿，说起话来往往言语如刀；王熙凤为人强悍自负，说起话来自然威风八面。

　　文学作品中是这样，现实生活中也是如此。很多时候，你说什么样的话，往往就能看出你是什么样的人。如果你喜欢同人斤斤计较，你就会成为一个锱铢必较、尖酸刻薄的人；有些人喜欢简短，不啰嗦，那么他往往是属于办事干脆，而且很精明的人；有些人从来都不说别人的坏话，总是喜欢说一些好听的言语，那么他就是一个喜欢奉承他人的人；如果你喜欢对别人的八卦津津乐道，你一定会成为一个长舌妇；如果你常常抱怨自己生活的不堪，你就会成为一个怨妇；有些人总是喜欢说一些诋毁别人的话，这些人往往嫉妒心很强，而且很自我，从来不会考虑别人的感受。你说出的话，就是不停地在给自己以暗示和强化，如果你总在提醒自己，生活的不堪，那么你也会成为那样不堪的人。

我们很难想象，一个善良的人会言语恶毒，一个睿智的人会言语浅薄，一个宽厚的人会言语尖刻……语言，异常生动又异常精彩地诠释着一个人的内心世界。当我们说出什么样的话，我们也会成为什么样的人！

在成年人的生活里面，每个人都有伪装的面具，简单来说就是在人前的时候是一种样子，在人后的时候又是另外一种样子，那想必大家肯定都希望自己有很好的辨别力，可以一眼就分辨出好人坏人。这其实是可以通过锻炼获得的，并且是有根据的，不是道听途说的。

在中国文化中，讲究说话要留口德。当我们用一种刻薄的心去对待别人的短处或者苦难的时候，最终自身也会拥有刻薄的命运。比起我们的行为，口是最不容易受人控制的，很多纠纷，往往是语言暴力在先，而后再引起肢体上的冲突。

你说出什么样的话，你就是什么样的人。

会好好说话的人，因为他们懂得去尊重。人与人之间最大最直接的尊重便是好好说话，语言上的尊重更有包容之心。那些一开口就刀子嘴的人，纵然是一颗豆腐心，也极可能因逞一时口快断了自己未来的路。

你没把对方看到眼里，对方也不会让你走进心里。

小珍和丈夫相识于大学校园，大学毕业后就结了婚，婚后的几年，他们的日子从如胶似漆变成平淡如水，再到三天一小吵，五天一大吵，她总是嫌丈夫这不好那不好，刚过三十的年纪，本是风华正茂，却活活脱脱一枚怨妇，还是黄脸婆的那种。其实小俩口也没有本质的分歧，无外乎是些柴米油盐、鸡毛蒜皮的琐碎小事。

有一次，几个闺蜜在小珍家里聚会。女人们在客厅天马行空侃大山，而她丈夫则鞍前马后，忙着张罗，闺蜜们都打趣她，嫁给了这么好的男人，天天享受公主般的待遇。

小珍被夸得云里雾里，捧着一盘水果沙拉，脚步轻盈地从厨房款款走向客厅。突然，她被走廊上的垃圾桶绊了一下，一个趔趄，沙拉盘掉在地上，水果撒了一地，垃圾桶也打了几个滚儿，里面的果皮纸屑飞落一地。

小珍的丈夫见此情景大惊失色，赶忙上前查看小珍有没有碰伤。小珍又气又恼，脸色大变，开口大骂："你干嘛把垃圾桶放这，这是存心要害死我啊！"

小珍丈夫连忙赔笑脸，可是小珍的抱怨模式已经被完全打开，不依不饶，完全不给她丈夫面子，当着闺蜜们的面，什么难听就骂什么。为什么非得把垃圾桶放走廊？为什么自己命这么苦？为什么……？她丈夫被一连串相关的和不相关的为什么憋得脸一阵青一阵紫，一开始怔怔得像个犯了错的孩子规规矩矩站在那里，后来也生气地摔门而出。最终她哭得如泪人，闺蜜们则如坐针毡，尴尬至极！

既然要开口说话，那说出的话就应该要比什么都不说更有价值。

因为，说出的话是为了让我们的生活更加美好，而不是为了毁掉自己的未来。

和人打交道时，最怕的就是经常对人说"我不会说话，别跟我一般见识"的人。这的确是一个聪明的"自谦"之语，可以让他们的口无遮拦像一个随时可以引爆的炸弹，却令他人不好追究，因为他们已经丑话在前，你需要多担待。然而，别人没义务原谅你不会说话！我们虽然不需要像王熙凤一样八面玲珑，但是最起码要学会好好说话！

10
开玩笑要有分寸

　　适当的玩笑，是处理人际关系的重要手段，它是人和人之间的润滑剂。学会恰当地开玩笑，对生活和工作有益，但不懂分寸，不知轻重的玩笑，往往会弄巧成拙。

　　一天，王先生正在办公室上班，一位朋友突然给他打来电话，催促他赶紧到某某超市，告诉他他儿子被超市门给夹到手了。听闻此言，他心里一颤，眼前尽是儿子血淋淋的小手，于是放下手里的活，不顾一切跑出办公室，在路上好不容易打到一个出租车。正当他心急如焚地往某某超市赶时，他的手机又响了，朋友对他说："老兄，你现在在哪里？""我在路上，最多十分钟赶到。""你回去上班吧，不用来了。"他疑惑不解地问："我得看看我儿子怎么样了吧？"对方回答："不用了，今天是愚人节，哥们给你开个玩笑，这就当真了？"王先生火冒三丈，心想这玩笑开得简直太过分了，以后再不要和这个人做朋友。

熟悉的朋友感情至深，大家相互取笑说话不受太大的约束。不过，凡事有利也有弊，乐极容易生悲，开玩笑也是要讲究限度的。适度的玩笑可以使人的心情放松，缓和气氛。过度的玩笑不仅不会让人觉得你幽默、有趣，相反会让人感觉你在自作聪明，不尊重别人。一句话把人说得笑，一句话也会把人说得跳。因玩笑过度而导致好朋友不欢而散的事也常有，你觉得你在开玩笑，他却把你的玩笑当真了，伤感情，断交情。像上面那种拿亲人的安全当玩笑的做法就是太过分了。

开玩笑可以，但要注意尺度。大体上说，开玩笑时大家可以遵循以下几条原则。

一、内容要风趣幽默，健康高雅

开玩笑要注意内容。玩笑是思想和感情交流的艺术，内容的好坏取决于你的思想和修养。风趣幽默、健康高雅的玩笑，大多会让人喜欢，会给别人带来精神的享受。在社交活动中，庸俗的玩笑是对他人的一种不尊重，同时也说明自己品味低俗。内容健康、格调高雅的玩笑，不但能够给他人带来思想上的启迪和精神上的享受，也能塑造自己美好的形象。在一次演出时，钢琴家波奇发现剧场里有一半的座位空着，于是，他对观众说："朋友们，我发现这个城市的人都很有钱，我看到你们每个人都买了两三个座位的票。"于是这半屋子听众都大笑起来。波奇无伤大雅的玩笑为他赢得了听众的心。

二、态度要友善

开玩笑的过程，其实也是情感交流的过程。善意的玩笑能够加深你和别人的感情。但如果借着开玩笑的机会对别人冷嘲热讽，为了自己开心而取笑别人，也许你在玩笑中占了上风，却会引起对方对你的厌恶。

三、要分清对象

开玩笑之前，要注意你所选择的对象是否能受得起你的玩笑。俗话说："人上一百，形形色色。"每个人都有不同的性格，也有不同的想法，相同的玩笑，开在不同的朋友身上，往往会有不同的效果。和宽容大度的人开点玩笑，可调节气氛。和性格比较内向的朋友，尽量少开一些玩笑；和性格比较活泼的朋友，则可以开一些无伤大雅的玩笑。和长辈开的玩笑要亲切、高雅、机智，不要轻浮放肆。对于不太了解或者完全陌生的人，不能乱开玩笑。和残疾人开玩笑时，一定要注意忌讳。和异性同学，异性同事开玩笑，则要适可而止。找错了对象的幽默，会造成双方的难堪。

四、不要拿别人的外表开玩笑

秀从网上购买了一双凉鞋，欣喜之余不免要发朋友圈炫一下："我新买的鞋子配我这三寸金莲吗"？

"这大脚丫，透着屏幕就感觉有脚气！哈哈哈！"朋友小杰在评论里回复。

秀顿时感觉无地自容，幸亏隔着手机屏幕，不然她要钻地缝里去了。恼羞成怒的秀毫不客气地把小杰拉黑了。

在小杰的心中，秀一直是一个大大咧咧的开朗的人，没想到这么一个"玩笑"，却让他失去了一个朋友。"我们之间原来没有想象中的那么熟。"小杰也十分惋惜。

无论对方平时有多么豁达，有多爱"自黑"，尤其是女生，不管她多么爱说自己"丑""胖""矮"，你都不要跟着附和，她怎么说自己都不过分，但你一说肯定过分。

女人对外表与年龄最为敏感，这是开玩笑的禁忌。否定了女人的外表，就等于否定了女人的全部，没有一个女人，会在听到"丑"和"老"的玩笑时，还能愉快地和你做朋友。

五、不开带"颜色"的玩笑

带"颜色"的笑话，既不尊重别人，也显得自己很粗俗，千万不要随口就来，尤其是在异性之间。即便是关系特别好的朋友，也要避免在公众场合开有"颜色"的玩笑。

六、并不是什么场合都可以幽默

不分场合的幽默，可能会影响你的形象。如果场合不对，幽默不仅无法达到预想的效果，还可能受到别人的讪笑，乃至于引起别人的反感。在图书馆、医院等要求保持肃静的场合，不要开玩笑；在治丧等悲哀的气氛中，不宜开玩笑。比如说，大家正在聚精会神地研究一个问题，这时，你突然插进一句和工作无关的笑话，非但不能引人发笑，还可能遭到大家的白眼。

很久以前，有一位书生，在众多同窗知己当中是最具有幽默感的人，不管面对什么人，他总能说出一两句与众不同的话。有一天，他去参加一位朋友父亲的葬礼，在众目睽睽之下，书生安慰朋友说："你一定是个很坚强的人，因为你的父亲是个有名的石匠呀！哈哈。"将坚强与石匠联想在一起的幽默，固然无可厚非，可是使用的场合不对，结果只能使得周围的人感到气愤：这个人怎么一点素养都没有？大家都这样伤心了，而他却嬉皮笑脸！他的话如果放在另外一个场合，也许会有好的效果，但是，这位书生却把幽默放错了地方。

七、抓住时机在某些特定的场合和条件下发挥幽默

俗话说："人逢喜事精神爽。"开玩笑，最好选择在对方心情舒畅时；或者当对方因小事生气时，通过开玩笑把对方的情绪扭转过来。

这些时机是可遇而不可求的，关键在于你能否随机应变。如果总是为玩笑而玩笑，就会显得生硬不合时宜、不伦不类，玩笑不但不能成为沟通中的"润滑剂"，反而还可能增加沟通的"摩擦系数"。

会开玩笑的人，开玩笑有进有退，有的放矢，适度地调节气氛，恰当地展现他的素养，能让人在一片欢笑中，记住他的风采，并对他产生亲近感。在出现分歧的时候，恰当的玩笑或许就可成为紧张局面的缓冲剂，使同事之间消除敌意，化干戈为玉帛。开玩笑有时还可以用来委婉地拒绝他人的要求，或进行善意的批评，但也有可能适得其反。所以，玩笑并不是可以随便开的，要是伤害了别人，就与开玩笑的初衷相背离了。

你开别人玩笑，别人也会开你玩笑，这是相互的，掌握好玩笑的尺度，才会更容易获得他人的赞赏。玩笑可以让你边玩边笑，而不是笑中带刀。出言有分寸，玩笑有尺度，开玩笑，不仅见情商，更见人品。

玩笑要达到的目的在于"玩"，千万不要把玩笑开得过了，否则会闹出矛盾，造成损失。

11
谈话总是"适得其反"怎么办

俗话说："一张嘴，两片皮，说好说坏都是你。"好汉子出在嘴上，一句好话能感动人，能激励人，能把一个坏人变成好人，乃至流传千古；祸从口出，一句恶言却能伤害人，令人难以原谅，能把一个好人变成坏人，甚至能引起不必要的灾祸。一张嘴就能起这么大作用。因此，说话要恰当。但是，很多人说话都会适得其反，明明是这个意思，但一说出来就变了味，让人误解，事儿没办成，反倒惹了一身骚。

这几天由于单位要上一个项目，工作忙，作为主要负责这个项目的郑女士总在加班，无暇照顾孩子，郑妈和二姑听说后立马自告奋勇，来她家帮忙。

一天晚上一家人正在吃晚饭，二姑说："你姑父今天在朋友圈晒吃烤全羊，他的牙都掉了很多，没剩几颗了，我看得给他镶上，不然吃饭都成问题，怎么啃羊呀！"郑女士说："对呀！正好我认识一个牙医，好几个朋友都去他那看过牙，大家都说他牙镶得好，而且价格公道。"

二姑听郑女士说后，放下饭碗就去给丈夫打电话告诉他这个好消息，让他明天就去镶牙。

一会儿二姑一脸怒气地坐回饭桌说："我快被他给气死了，我让他镶牙，他说牙疼，过几天再说。我就问他，既然牙疼那还去吃烤全羊？牙疼你怎么说话那么利落？现在咱有好牙医，那就来吧，不知好歹，他还生气了，把电话都给挂了。过分！我懒得理他了，爱镶不镶！"

郑妈说："哎呀，你这么说话就有问题，他说牙疼，你应该先问问怎么疼的，有没有肿之类的关心一下呀。正好把他劝过来看看牙，顺便镶牙了。你这样抱怨他一通，他不爱听，你的目的也没有达到，好心都让人当驴肝肺了！"这就是一个说话适得其反的典型。

二姑听了郑妈的话，觉得有道理，怒火平息后，又去打电话。这回听她在电话里和颜悦色地问"牙疼得严不严重"之类的关心又体贴的话。打完电话，她对着大家打了个响指，洋洋得意地说："老家伙明天来看牙。"

郑妈说："看吧！话是一样的话，就看你怎么说。"二姑不好意思地笑着点点头。

不会"好好说话"，不仅可能造成言语伤害，还可能带来误解，怨怼，最终事与愿违。我们在说话时要注意以下几点，才能把话说好。

第一、责备的话中要带抚慰

夏天，某个中午，妈妈责备弟弟午休期间太闹腾了，让他老实点，不要吵吵嚷嚷，否则影响别人休息，人家会生气的。妈妈不厌其烦，说了好几遍，翻来覆去地说，越说越带劲儿，就差打他的屁股了，可弟弟就像没听见一样，依旧我行我素，声音也越来越大。

为人父母者，受"打是疼，骂是爱"的观念影响，经常将责备的话挂在嘴边，你这样不行，那样不对，一旦儿女做错事，随口就是指责，忽略了子女的尊严，因此造成亲子间的嫌隙。语言，当以真切关怀为第一，哪怕是责备，也不能把话说尽，"是不是有什么困难""身体不舒服吗"，这种语带关心慰问，让人感受到爱心的温暖，反而能感化对方。

这位妈妈可以不用唠叨，只用说："孩子，你再怎么吵吵闹闹也不会有人理你，一个人玩闹太无聊了，不如跟着大人们一起午休，把精神养足再找小朋友们玩。"小弟弟可能觉得无趣，反而安静下来了。

第二、批评的话中要带赞扬

爷爷奶奶年轻时都受了不少苦，也受了不少累，平时节俭惯了，节衣缩食，舍不得浪费，哪怕一粒粮食，剩菜剩饭也舍不得倒掉。可是家里的孩子习惯剩饭。他们经常在孩子面前唠叨，饿了吃糠甜如蜜，饱了吃蜜也不甜，要珍惜粮食，还喜欢拆说自己没饭吃、饿肚子的艰苦岁月。孩子听了有点想不通，他没有经历过那种岁月，根本不能理解老人的心情，不仅没改掉剩饭的毛病，还总是背着爷爷奶奶倒剩饭。爷爷奶奶还总认为自己的教育是成功的，让他们没想到的是，孩子倒饭的次数越发地多了。

佛门有句话说："要得佛法兴，除非僧赞僧。"同样的，对同事、朋友、儿女、学生，也要多一点鼓励，多一点赞美，才可能办成事，达到和谐。一味批评他人不仅不能解决问题，还会成为双方相处的阻力，在批评中带有鼓励，才能解决问题。上面的爷爷奶奶可以想想其他办法，只唠叨是不管用的，习惯剩饭有可能是心理原因造成的，习惯剩饭的孩子多盛多剩，少盛少剩，总归要剩，哪怕一小口。如果让孩子们每碗少盛点，量力而行，当面吃完，坚持吃完了就表扬；每天发起光盘光碗行动，比赛看谁吃得最光，引导孩子逐渐克服剩饭的习惯。或者时不时地忆苦思甜一下，不要天天大鱼大肉，偶尔吃糠咽菜也未尝不可，有了对比才会从根本上认识粮食的重要性。

第三、训诫的话中要带推崇

稍微大型的考试都会用答题卡，答题卡的题号和原题对应填涂也会成为个别同学的障碍，一时糊涂对应不上，可能整个都错。所以考试前，老师一再告诫同学们，一定要仔细，看清楚了再涂，不要把选择题答案涂错位了，一错就错到底了。结果一位平常成绩不错的同学，因为压力大，反倒把答题卡上的选择题涂错了位，致使那次考试成绩相当不理想。相反，另一位老师告诉学生，不就是次考试嘛，没什么大不了的，放松下来，以平常心看待，轻松上阵，考得多少就是多少，结果考下来，成绩反而不错。

人虽有缺失，但也总有些长处，因此训诫的话，不要忽略语带推崇。是好事的，要说"你如何好"；是训诫的，要说"我们可以如何改进"，倘若一味指责、挑错，反而适得其反。

第四、命令的话中要带尊重

英国维多利亚女王有一次回家敲门时，丈夫问："谁？"女王习惯性地回答："女王。"丈夫既不说话也不开门，女王意识到自己可能说错话了，赶紧改口："是你的妻子。"门这才打开。女王在外面是女王，回到家便是妻子了。作为丈夫需要被尊重，女王一时没注意吃了闭门羹。

恋爱关系中，一方对另一方的某一点不满意，常用的口吻是

"你怎么这样啊？你能不能别这样？我不允许这样做！"这样颐指气使的话，会让对方感受到不被尊重，往往会激起对方的叛逆心理。

但是如果这样说："你这么做，真的让我很难过。"效果会不会更好一些呢？

有不同意见，可以直接提出来，而不要去绑架对方的感情，要尊重对方让其有权力做出选择。

人和人之间讲话，要学会相互尊重。有的人说话总习惯用命令的方式——"别质疑我的话""照我的话做就没错了"，这种强硬的语气，往往令人难以接受。若能以平等心对待，所言都是谦虚之词——"拜托你""麻烦你"，如此，对方感到被尊重，自然就会有回应。

在我们每次开口前，都过滤三个问题：

（1）我说的话对于别人是否会造成伤害？

（2）我说的话符合时间、地点、场合吗？

（3）说了是不是比不说好？

这个习惯让我们能更好地与别人相处。说话要注意分寸，站在别人的立场，尊重别人的感受。说话是一门艺术，不一定要能言善道，却要有一颗体谅别人的心，抱着同理心讲话，一定能结好缘。

12
请人帮忙要大事化小

《伊索寓言》中有这样一则故事。

一个风雨交加的晚上，有一个要饭花子到一家大财主家门口讨饭。"滚一边去！"仆人说，"不要脏了我家大门。"要饭花子乞求道："大老爷，行行好吧，你看这天这么冷，我只想借老爷的火炉烤干衣服就走。"仆人一想这又不用损失什么东西，烤烤火就烤吧，于是便领这个人到厨房火炉旁烤火。这个人把衣服烘干后，便对厨房大师傅说："我可以借用一下你们的锅吗？我只想用锅煮一点儿石头汤。""石头汤？"厨房大师傅做了这么多年饭，还是第一次听说这种汤，很好奇地说，"好吧，让我看看你怎样用石头做成汤。"于是，这个人到路上挑了一块不大不小的石头洗得干干净净后放在锅里煮。"可是，少点盐，不好吃，您给我点盐吧。"他自然地说道。大师傅爽快地答应了他的要求，后来又在他一次次的要求下先后给了绿色的菜和碎肉末。

最后，这个聪明的要饭花子把石头从锅里捞出来，锅里只剩下了肉汤。先不说他最后能不能吃上肉汤，单从要饭技术上，他就已经绝顶高明了。事情就是在这样一步步得寸进尺、对方不知不觉下完成的。

这就是心理学上的一个效应叫登门槛效应，又称得寸进尺效应，指一个人一旦答应了别人一个微不足道的要求，为了避免认知上的不协调，或为了避免给人留下前后不一致的印象，即使心有不愿也会有可能接受他人后续提出的更大的要求。这种现象，犹如登门槛时要一级台阶一级台阶地登，才能登上高处。所以我们在求人办事的时候，不妨"大事化小""化整为零"，循序渐进地达到最终的目标。

心理学家认为，在一般情况下，人们都比较抵触一开始就接受较高难度的要求，因为它看起来费时费力又难以完成。郭冬临演过一个小品叫《有事您说话》，就是从帮人小事一步步到帮人做大事的，如果最开始就面对买火车皮这样的"大事"，他肯定不会答应下来。所以，人们乐于开始接受较小的、较易完成的要求，在实现了较小的要求后，才慢慢不会拒绝较大的要求。

阿瓜的朋友阿呆问阿瓜说："为什么我每次找你帮忙，你都那么多借口不想帮我？可是阿喜找你帮忙，你都会帮她，我跟阿喜可都是你的朋友啊！"

阿瓜被阿呆这样责备后，仔细一想，发现自己真的是这样，确实没帮阿呆什么，不免有些惭愧为什么阿喜找他帮忙，他通常会爽快地答应。阿瓜发现阿喜每次找他帮忙时，都不像是来求他的，反而比较像是要邀他共同完成一件对双方都好的事，对大家都有好处，那何乐而不为呢？而阿呆每次都是来求，而且求的这件事自己还没把握一下子办成，他就会非常犹豫，甚至直接拒绝。

阿喜会说："礼拜天我们一起来约两个人出来吃饭吧。你顺便把那个强子约出来，我这边也帮你约一两个不错的朋友介绍给你认识。"这样一来，这顿饭就没白吃。而阿呆就不会这样说，阿呆直来直去，会这样说："阿瓜，我想认识那个强子，你赶快帮我约啦！"听了就会让人不舒服——凭什么帮他约，怎么约，好像个保姆一样就应该替阿呆料理一切事一样。

有一次阿呆的车不知被谁给刮了一下，要去修补漆。阿呆不知道什么样的漆好，怕上当受骗，就想请阿瓜帮他去补漆的店看一下。这时阿呆说："我的车刮了一下，我想补漆去，听说你有经验，我们一起去看看吧。"阿瓜心想："什么叫我有经验，好像我经常刮车一样，况且我现在也没时间啊。"毫无例外，阿呆又被拒绝了。

如果换作阿喜，阿喜会这么说："我认识一个修补漆的好地方，听说老板很有经验，哪天我们一起去拜访一下吧，向那老板讨教一下技术，大家都是开车的，也许哪天被刮了，自己就可以搞定呢。"有这等好事？常在河边走，哪能不湿鞋呢？阿瓜一旦有时间就一定会去看看。即便是阿喜要拉上阿瓜一起去修补车漆，阿瓜也会拿出他自己的看法来，这样，阿喜既达到了请阿瓜帮忙参考的目的，阿瓜也很愿意去。

虽然三个人都是朋友，但久而久之，阿呆就成了烦人精，别人只想躲他，因为他像个小孩子，要这个要那个，而阿喜却比较像个并肩作战的伙伴。其实呢，阿呆和阿喜都是需要帮忙，只是各自提出要求的方法不同，一个是直接提出帮忙，一股脑地把整件事丢在对方头上，而另一个找人帮忙时则是大事化小，让人不经意间就办了。

最好是先把需要对方帮忙的事拆解成很具体的，听了不会一下就失去耐心的一个一个小步骤，然后再提出最小的要求，这样才不会被立刻拒绝。比方说，一家幼儿园要开业，为了扩大生源，想联合附近的店家尤其是幼儿培训机构共同参与，壮大声势，但如果上门直接把计划告诉人家一般都办不成，人家开的店、办的培训机构好好的，为什么要和你联合呢？那么，第一步可以先去附近的店和培训机构询问，问如果为这个开业活动印了传单，可不可以把他们的店名和店址印在传单的地图上。指引人的地图要把附近的单位给印上也是无可厚非的，一般都会欣然答应，可能还会想还能帮着宣传呢。

等传单印好以后，你再去找这些店家和培训机构，询问他们可不可以把这些宣传单摆在他们的柜台前面让顾客免费领取。他们自然会比较容易答应在自家的柜台上摆放这份传单来吸引顾客目光。当然，这只是取得对方好感，使对方愿意帮忙的第一步。

一旦附近店家答应让你放传单，接下来再答应进一步合作的可能性就一定会提高，尤其是那些幼儿培训机构，他们很可能和你发展成为互惠互利的关系。

这就是化整为零的求人办事技巧。事情都是千头万绪的，如果我们能一点一点地拆分开来，便能转化成一件一件的小事，再求人帮忙，便容易多了。

大事化小，化整为零，是求人办事的技巧，但并非放之四海皆准，也要具体情况具体分析。

可以将需要帮忙的事转换成另一种说法让对方感觉到这样做是对双方都好的事，在请求中增加一些帮忙者也可以从中得到好处的诱因，把彼此变为并肩作战的伙伴。此外，记得尽量将大事化小，把需要对方帮忙的事拆解成具体的一个个小步骤，然后从中提出最小的要求，也可以提高对方答应协助自己的机率。

13
如何让你说出来的话有感情

　　2017年7月，林子祥广州演唱会在广州国际体育演艺中心开唱。一开始，70岁的林子祥便献上他的经典串烧歌《十分十二时》，全场气氛瞬间暴涨，林子祥就这样牢牢地抓住了观众的心。当林子祥提起自己上世纪70年代就来广州唱歌时，台下有阿姨含泪喊道："我看了，我那时十几岁！"林子祥唱每首情歌时都深情款款，年轻观众也为之感动，一位90后对记者说："不知道为什么，他一开口，我就好激动。"

　　《中国好声音》火遍大江南北，你一定听过主持人华少报广告词吧？除了佩服他肺活量大，一口气能说这么多字之外，还给了你什么样的体验？有没有一种排山倒海的压力？

　　有的人说话，大家都爱听，因为他说话的方式，能让他说的话在你脑海里形成一幅幅画卷。有的人说话，一开口，我们就走神，身在曹营，心在汉，明明也没说多长时间，却让人不由自主地心里想，怎么还没说完、快点结束呀！

这是为什么呢？林子祥介绍经验时说："很多年轻歌手问我唱歌怎样才有感染力，我说要有感情。"

感染力，其实来源于情感共鸣，就是说你所表达的意思，听者有类似的亲身体验，从而产生某种情感共鸣。所以如果不合时宜地表达与听者的类似经历，那么他（她）可能无法体会这一类经历引起的感情，也就不能产生"共鸣"。

一般来说，要注意多讲事，少讲情。情感共鸣来源于听者的相似经历，而并非来源于你的经历，所以你着重描述你的感受，你的感情，并不一定能直接被听者接受。多讲事，意思是把事件描述给听者，让他（她）想起自己类似的经历和体验，从而引发共鸣。

举个例子，比如一个人刚失恋，他的一个朋友想劝他想开点，于是把自己失恋的惨痛故事讲给这个人听，这个人就会联想到自己的经历，由此，有了共同的生活体验，这个劝服工作就好做多了。如果这个人把自己失恋的痛苦感受也给这位刚失恋的人倾诉，那么他俩就要演诉苦大会了，不但起不到劝说作用，还因此给双方增加了些愤慨和惨痛感。

"庭有枇杷树，吾妻死之年所手植也，今已亭亭如盖矣。"这么一件不起眼的小事，平淡地叙述出来却有那么深的感染力，就是因为这句话容易引起人的情感共鸣。"子欲养而亲不待"这些与枇杷树类似的体验，我们多少都会有一些。一件件小事足够勾起对方类似经历的回忆，比空煽情要好得多。感染力，不是把情感灌输给听者，而是唤起听者已有的情感。

这就需要你恰当地表达，这些感性部分决定了听众的愉悦程度。回想一下，我们接到一个电话，是不是能从电话里听出对方开不开心；再回想一下，你上班或者上学的时候，你的领导或老师提高声音说"你怎么来这么晚"，你的心情会不会变差。我们的情绪，会通过表情、声音来传递，并且直接影响到对方的情绪！

可是，也会有相当一部分人说话有问题。有的人心地善良，待人也热情，但就是有一个问题——说话总是一个调，很平淡，像一潭死水，让别人觉得他没有感情，这样听起来就没有兴趣。

事实上很多人有这方面的问题，不过遗憾的是，大多数人说话时都不会注意自己的语气。语气包含思想感情、声音形式两个方面。若想成为一个说话富有感染力的人，就一定要熟练掌握驾驭语气的方法，要善于运用合适的语气来表达复杂的内容和不同的思想感情。只不过长期以来，大家在说话时形成了一种固定风格，自己说得习惯，身边人也听得习惯罢了。

不知道你注意过没有，那些出色的企业家、政治家，几乎都是出色的演讲家，他们塑造了自己的语言魅力，对自己的语气、声调、节奏拿捏得非常到位。

大家都知道希特勒，他如果不发动战争以致身败名裂，肯定是一个出色的演讲家。前届美国总统奥巴马也同样具有一定的演讲和鼓动能力。在现场听过奥巴马演讲的人都表示，奥巴马身上有一种难以描述的亲和力，他的声音也富有磁性和吸引力。一位华人在他的博客里这样描述奥巴马的演说："他的演说富有节奏感，味道十足，语调恰到好处，几乎带有一种催眠和传教的功能，让人如痴如醉，欲罢不能……"

想想百老汇演员，他们日复一日，年复一年地重复着同样的台词。但是，他们每天都必须唱歌！那他们是怎么做到的呢？

首先，他们对声线使用了很多变化；其次，他们不断尝试不同的音调。因此，尽管日复一日重复着同样的台词，却几乎没有两个节目完全相同。

可以看出，改变音调可以使语音内容更具创新性，富有感情。我们说话的声音，也必须和音乐一样，只有渗入人们心中，才能达到吸引对方，达到影响别人的目的。因此，我们有必要注意培养自己在说话时语气的一些变化。

有一个人就是通过语气、语调、节奏的变化骗了成百上千的观众。她就是波兰的摩契斯卡夫人。

摩契斯卡夫人是波兰的大明星，一次到美国演出时，有位观众请求她用波兰语讲台词。于是她开始用流畅的波兰语念出台词。观众们虽然不了解她台词中的意思，却觉得听起来令人非常愉快。她接着往下说，语调渐渐转为低沉，最后在慷慨激昂、悲恰万分时戛然而止。台下的观众鸦雀无声，同她一起沉浸在悲伤之中。

而这时，台下传来一个男人的笑声，他就是摩契斯卡夫人的丈夫——波兰的摩契斯卡伯爵，因为他的夫人刚刚用波兰语背诵的是九九乘法表！

从这个故事中我们可以看到，人们在说话、朗读和演讲中，速度的快与慢、情绪的张与弛、语调的起与伏、音量的轻与重等，变化对比，就形成了节奏。节奏在口语中起着重要的作用。适当的节奏，有助于表情达意，使口语富于韵律的美感，加强刺激的强度，即使对方不明白其意义，也可以通过语气、语调、节奏的变化使他们感动，甚至可以完全控制他们的情绪。

再举个大家在工作中可能会遇到的例子。

小王和小赵是同事，年龄、经历、工作能力相似，但因说话方式的不同，他们在职场上给人的感觉也完全不同。

小王声音低沉，说话冷静从容。和小王交谈过的人，都会有这样的评价："一听到小王那低沉富有磁性的嗓音，不管他说什么都觉得是应该的，真是不可思议啊！"

而小赵不但天生高音，而且说话速度也极快。和小赵交谈过的人，都会这样评价："小赵声音尖锐，说话又快，总觉得有些轻浮，好像不怎么可靠。"

音调高低与说话方式的不同给人的印象竟是如此迥然。掌控好说话的音调、节奏、语气细节，即能全面展现出一个"具有说服能力的你"。要做到这一点，以下几条是很重要的。

第一、不同的场合运用不同的语气

一般而言，较大的空间的场合，需要声音传播得远一些，这样可以照顾到每一位听众，所以要适当提高声音，放慢语速，使语势呈一定幅度上扬，以突出重点。反之，小场合则要注意适当降低声音，紧凑词语密度，使语势呈下降趋势，追求自然效果。

第二、不同的语气给听者不同的情绪

喜悦欢乐的语气带给对方喜悦欢乐之情，比如联欢会上主持人笑容可掬地向大家问候的时候。愤怒的语气则会引发出对方的愤怒之意，比如闻一多在向青年人演讲讨伐黑暗的时候。语气是有声语言的最重要的表达技巧，说话语气往往是一个人内心的潜意识的表露，能够影响听话者的情绪和精神状态。

绝对不要使你的语气单调，因为音阶的变化会加强你的感染力。你的热情会在音阶的变化中展现出来，并且能够感染听众，从而产生你想要的效果。从另一个角度来看，那些演讲家、语言大师胜人一筹的说服能力，正是赢在这些细枝末节上。正如希腊哲学家苏格拉底所说："请开口说话，我才能看清你。"

14
别像女王一样和人打招呼

　　人和人总要见面，每天看到熟悉的人，都要打招呼，不熟的人因为要办事也得打招呼。这不是虚伪，而是表示礼貌、促进友谊的方式。打招呼是联络感情的手段，沟通心灵的方式和增进友谊的纽带。另外，微信、QQ不也可以打招呼吗？假如你给某人打了招呼，等了半天也不见回应，却看到他在朋友圈发了动态，你会怎么想？这太让人心酸了，你是不是会下决心再也不会跟他打招呼了呢？如果你出门，不与任何人打招呼，也没有人与你打招呼，那么，就要引起重视了。所以，要把打招呼这件小事重视起来，积极主动地跟别人打招呼，别像女王一样高高在上，对人爱搭不理。

　　主动打招呼所传递的信息是：我眼里有你，我拿你当回事。谁不喜欢自己被别人尊重和注意呢？如果你主动和单位的同事持续打招呼一个月，那么你在单位的人气可能会迅速上升，人家会认为你这个人很可亲可爱。见了领导主动打招呼，说明你心中敬重领导；见了同事主动打招呼，说明你眼里有同事；见了下属主动打招呼，说明你体恤下属。永远记住，你眼里有别人，别人心中才会有你。

可是有的人就是不喜欢跟人打招呼，见谁都不喜欢说话。他不一定有什么恶意，就是金口难开。

一个人的性情与其成长环境紧密相关。一个不喜欢与他人打招呼的人，可能在成长过程中习惯了被亲戚朋友忽视或者是父辈之间关系不和，家庭里平时就缺少打招呼的习惯，过于独立，养成了我行我素的行为习惯；父母的教育方式可能太过严厉，或者说认为自己不被人关心与疼爱，家里人不重视自己，自己为什么还对别人那么友善？在人际交往中，这种人一开始会让你觉得有距离感，当你对他们有了一定了解时，你才会理解他们的这种行为不是刻意的，而是成长环境的影响。你可以观察一下，比如父母离异的孩子，他们往往是孤僻的，见人基本上不打招呼。

自尊心强的人也不怎么和人打招呼。他们认为主动跟别人打招呼代表比别人低下；也有的人认为打招呼只是一个形式，不能代表什么，不屑于和人打招呼。这一类人相对比较自我，他们习惯于以自我为中心，只有符合他们认知的人才会被他们识为朋友，在人际交往中往往按照自己的意愿行动，因为他们认为这样才能体现出他们比其他人更强。殊不知，不主动和人打招呼，暴露出了他们不够宽广的胸怀和有一定阴影的人生态度，甚至还有内心的极度不自信，反而得不到尊重。

既然每个人都希望别人尊重自己，看到自己的自信，那么我们就应该养成主动跟别人打招呼的习惯。从今天开始，主动向别人打招呼，有意识地见人打招呼，不仅让别人心情畅快，给别人留下自信热情的印象，更重要的是可以为你创造一个良好的工作环境。领导赏识、同事认可，在这样的环境里工作，你自然会有很好的发展。

另外，在社交场合，一些普通的参与者经常被冷落在一旁，而人们往往论资排辈，只关注对自己有影响的成功人士。此时，我们如果主动打个招呼，用关心和问候去融化普通参与者内心的冰山，那将会显得自己魅力无穷。比如，在饭局上，适当感谢和赞美随领导一起来的下属，这样既能让他们有面子，领导也会觉得你为人处事考虑周全，对你留下好的印像。因为"强将手下无弱兵"，赞美一个人的下属，其实也是变相地赞美这个人。

打招呼的方式是多种多样的，可以是微笑、点头、握手、招手、拥抱等，根据亲疏程度和地域文化的不同而不同。

当别人为你提供服务和帮助时，为了表示对他们的尊重，主动打招呼就是中国式的小费。出门见到小区保安主动打招呼："您好，今天是您值班啊，辛苦了！"小区保安觉得自己受到了重视，下一次见到你时，他很可能会主动帮你提东西；见到邻居时点头问候，一句简单的"您好"会在潜移默化中营造出和睦的邻里关系；见到公司的保洁阿姨，主动问候一句"阿姨您好，您把地拖得真干净，都可以当镜子使了"，不仅有利于建立良好的关系，还有可能换来更加干净整洁的工作环境。

在职场中，要根据具体情况来决定打招呼的方式。如果正在行走过程中，跟别人打招呼时，要停下脚步或者放慢行走速度；如果你坐在座位上跟同事打招呼，微笑着点点头或者欠欠身都可以；如果在室外相距一定距离跟同事打招呼，要微笑着向对方招手，或者高声说一声"您好"；如果在拥挤的电梯里，没有人说话，你最好也不要开口；若遇到同事向你打招呼或是目光相遇，应适时地点头、微笑，表示回应，视而不见是不可取的。

在路上遇见你所认识的人，与他打招呼尽可能简单一些。比如你遇到了一个关系一般的朋友，很简单地招招手，点个头，微笑一下，或者说句"您好"，表示对对方的友好和尊重就可以。因为大家都忙，如果没有特别的事，不必停下来聊天。如果是有些日子没有见面的，又有些关系的朋友、同事，我们要是用"你好，吃了吗"等来打招呼，可能会让对方认为你不够关心他，对方可能会想，"我们好久没见了，难道他没注意到？"这时，我们应当说："好久不见，最近忙吗？身体可好？家里都好吧？"如果对方说"挺忙的"，你要注意接下来的回应。如果是关系比较好的同事，你可以进一步问："在忙什么？"如果是关系一般的同事，你不应该追问对方在忙什么，而应该说"那你要注意身体"之类关心和问候的话。要知道，现在社会变化大，家里的人事可能有变动，问不好的话可能双方都尴尬，因为偶遇，不能细谈，仅仅是问候即可。

不知大家有没有发现，我们中国人遇见朋友了打招呼还是存在一些问题的，那就是喜欢问人家不好回答的问题。

"你到哪里去？"这样问很不好，如果对方是去做什么重要的事、秘密的事，感觉没必要跟你说，这就太尴尬了。比如，"我要去法院打官司"，对方这样一讲，你势必又问为什么，他本来缠了一脑门官司，哪里有心情跟你解释一堆。

"哟，你一个人呀，你爱人呢？"这样打招呼也不好，你打个招呼就行了，问人家妻子干什么？也许，他家里两口子刚刚吵了架，正烦着呢！如果你这样问会让人尴尬，不好回答。

"你天天都在忙些什么"这种问题也不要随便问别人，每个人都有自己的事要做，都有说不出的酸甜苦辣，严格地说，每个人的工作都有不便与他人说的秘密。你问人家天天做什么，是什么意思？如果人家抽象地告诉你，那你就不必问；如果人家详细地告诉你，那他要是有什么难言之隐不方便跟你说，就会引起尴尬。

遇见朋友和熟悉的人，可以说祝福语。夸女士长得漂亮，夸人家孩子聪明，夸老年人身体硬朗健康，尽管有点虚，不够真实，但人家听了舒服，也不存在不好回答你的问题。

其实，微笑本身就是打招呼的一种方式，而不是女王似的冷淡。无论以哪种方式打招呼，都应该保持微笑，与人握手的时候，眼睛要看着对方，这样才会给人真诚的感觉，让人感觉你不是在敷衍了事。

15
讥讽是一把双刃剑

　　美国心理学家马斯洛认为，人人都有受尊重的需要，除了吃喝拉撒以及基本的社交活动之外，我们最期望的是受到别人的认同，如果得不到周围的认同，那么在这个世界上也就没有什么存在感，进一步延伸就是不能使内心得到满足。

　　由此，当人们得到别人的肯定和赞美的时候，内心会产生积极的情绪体验，自尊心得到满足，进而信任自己，珍视自己的价值，精力旺盛，干劲十足，创造力非凡，引领自己走向成功。反之，当人们受到的不是积极的、肯定的认可，而是否定和讥讽，在讥讽的刺激下，挫败感、愧疚感、懊恼、气愤等不良情绪将随之产生，进一步影响工作和生活。

　　讥讽，在交际性语言中是一种有较强刺激作用和感情色彩的表达方式。讽刺性语言非常辛辣，直刺人的心灵，是一种"攻式"语言。它表达了讥讽者轻蔑、贬斥、否定的思想感情。在相当多的情况下，讥讽是一把双刃剑，你讥讽了别人，话里带刺儿，力量悬殊的情况下对方也许会忍，但在势均力敌的情况下，互相不服气，别人势必进行反击，一不小心就会引起一场争斗。如果在人数众多的场合中针锋相对，是不是考虑过群众的理解和支持的问题？若你反驳得过于刻薄，引起一顿争斗，那就会失去意义。比如，在一次演讲中，台下有人喊道："你在讲什么啊？我听不懂！"演讲者知其来者不善，马上尖酸地当众反驳了回去："原来我是在对牛弹琴呢！"这样的反唇相讥，演讲者虽然一时痛快，但有可能失去听众。所以，一个人应该要有自我控制能力，要善于约束自己，否则一味的针锋相对，最后只能是两败俱伤。

讥讽他人，贬低他人的同时，对自身形象也会产生不好的影响，一个说话尖酸刻薄的人是没人喜欢的。阿娜和阿丽是很好的朋友。一天，她们在花园里踢毽子，由于阿丽屡屡失误，踢得不如阿娜好，阿娜一时没控制住讥讽了阿丽："你也太笨了，笨手笨脚的，这么简单都不会。"阿丽的自尊心受到了伤害，认为阿娜看不起自己，对自己太傲慢，也愤愤不平。原本非常亲密的一对朋友，因为这一点无关紧要的小事，就互不搭理了。

当天晚上，妈妈给阿娜讲了一个童话故事，情节是这样的。

在一条河边上住着一个泥偶和一个木偶。一个干旱的季节里，泥偶和木偶曾经有过一段朝夕相处的日子。时间一长，木偶渐渐看不起泥偶，总想找机会讥笑它。

有一天，木偶带着讥讽的口吻对泥偶说："你原来不过是岸边的泥土，人们把泥土揉在一起才捏成了你。别看你现在神气十足，等到了七八月，瓢泼大雨一到，你就会被水泡成一堆稀泥。"

泥偶微微一笑，对木偶说："谢谢你的关心。不过，事情并没有你所说的那样可怕。既然我是用岸边的泥土捏成的，那么就算是被水冲得面目全非，变成了一堆稀泥，也不过是还原了我本来的面目，让我回到岸边罢了。而你本来是一块桃木，后来被雕成了人样。一旦到了雨季，河水猛涨，波浪滚滚的河水就会把你冲走。那时，你只能随波逐流，不知会漂泊到什么地方。老兄，你还是为自己的命运多操操心吧！"

听了这个童话故事，阿娜非常羞愧，她认识到自己不该讥讽好朋友。第二天，她向阿丽真诚地道歉，随即两人又和好如初了。

每个人都是有思想、有理想、有自尊的，不管别人有缺陷也好，伤残也罢，都应该去尊重他们。换位思考一下，当别人用鄙视嘲笑的眼光去看你的时候，你是不是也会觉得这人太过分了，心里会不高兴。俗话说："你敬人一尺，人敬你一丈。"人与人之间只有互相尊重，才能更好地交往。

越是亲近的人，越容易相互讥讽，有时候甚至不能像对待普通朋友那样客气。

有对夫妇已经有段时间没吵架了，因为丈夫现在说话基本不连挖苦带讥讽他的妻子了。可今天说到妻子学书法，丈夫又恢复了以前惯用的嘲讽语气对妻子说："将来要学成书法家了，家里就靠你了！"

妻子最讨厌丈夫用这种语气说话了。她回想和丈夫在一起磕磕绊绊十几年，无数次被他这种阴阳怪气的话噎得说不出话来，要么生一肚子闷气，要么找机会报复回去，接着就是一阵冷战。现在妻子突然想开了，直接告诉丈夫："你明明知道这是不可能的。你这样嘲笑我有意思吗？"这句话带有明显的指责口吻。丈夫反驳说："我们小时候不是经常听这种话吗，你小时候没听过吗？"他突然扯到妻子的父母身上说："嗯，你父母水平高，不说这种话。"简直莫名其妙，这件事和父母有什么关系，这些话勾起了妻子尘封已久的伤害和愤怒，于是忍不住大声争吵了几句。

讥讽是一种心理暗示，会让人不断把心力内耗在自我否定和自我伤害之中，过于在乎他人的评价，怀疑自己的能力，最终形成一个自我否定、努力无效的恶性循环之中。这样会让人随时有一种"黑云压城城欲摧"的窒息感，焦虑也有可能伴随而生，从而更令生活雪上加霜。

那我们对此毫无办法吗？不是的。我们都有挽救和改变自己的机会。出生平常，容貌平常，教育背景一般，才华平平，我是一个非常普通的人！当才华撑不起梦想，我们首先受到的是鄙视。鄙视有两种，一种是故意的嘲讽和贬低，像上面的丈夫和妻子那样，另一种是来自能力超强的人的绝对优势压迫。

A君在大学期间费尽九牛二虎之力拿到导游证之后，托人介绍，去了一家大型旅行社做暑期实习生。时值旅游旺季，当地的导游供不应求。

第一天上班，经理就对A君说："小A，你过来！你随便讲个景点给我听听，我看看你是什么情况！"

A君目瞪口呆，靠着记忆搜索，把导游证考试时准备的讲解词拿出来应付一番，结果说得结结巴巴，面红耳赤，窘迫异常。经理很失望，向推荐人瞟了一眼，言下之意大概就是："你推荐的人就是这水平？"

经理是导游专业出身，服务水平非常高，一般大团、豪华团，都是他亲自出马。他说起话来风趣幽默、左右逢源，而且多才多艺，能歌善舞，是个全方位人才，对工作要求也非常严格。

经理不客气地说："讲解词太烂了。我都不知道你是怎么取得的导游证！是不是老师放水？你还是留在办公室吧。我是不会把旅行团交给你的！你以为导游就是摇摇旗子带人走路呢？"

被经理这一数落，A君羞愧难当，恨不得钻地缝里。在后来的日子里，她整天都在胡思乱想，一会儿想，人家肯定觉得她太幼稚了，一会儿又想，导游证白考了，以后都不要吃这碗饭了。各种负面心理暗示在她的脑海里每天转个几百遍！

她虽然想不干了，但是她需要一个实习的证明。于是，她留在旅行社打杂，扫地、打水、复印、代人买东西，什么杂事都干。

过了两个星期，她觉得自己不能再这样下去了。经理不是说她讲解词不好吗？那么她就从最基本的讲解词入手，她花了一个月的生活费，请了一个老师辅导讲解词的技巧，每天都跟着老师练，坚持了一个月。渐渐地，她开始改变那种拘谨的状态，见到经理，也不再是一副老鼠见了猫的防御心态，而是显得自然而轻松。然后她又主动向经理请求带团，想证实自己的能力。

最后她成功了，经理也很惊讶。她带了三个团，客人都给予了较高的评价。就这样，她走出了自我否定、努力无效的恶性循环。

她面对讥讽，在不被看好的情况下，没有选择逃避，没有认为自己肯定做不到，反而做出了积极的反应。首先寻求外界支持，花钱找了一位老师，得到真正的帮助和支持。从老师那她获得了最想要的信任和支持。接着，她又拿出了实际行动，认真学习，反复练习。在不断进步的过程中，一点点解开了迷团，重新获得了自信。这其实是一个非常良好、令人受益的过程。很多时候，最难的一点就在于冲破心理障碍和意识里的自我设限，迈出第一步。只要过了这一关，我们就会明白，我们是可以做到的。

讥讽是一把双刃剑，用不好就伤害了双方，用好了也可以变成动力。

16
谦虚说话更让人喜欢

谦虚是中华民族的传统美德，古有圣贤曾说："满招损，谦受益。"所以谦虚待人是一种好的品质，也是一种为人处事的智慧。

因为说话谦虚的人懂得倾听别人的意见，所以他们能让周围的人轻松地接受和认同自己。世上自然不乏口才特别优秀的人，清晰的口齿、滔滔雄辩的口才，的确让人佩服。可是也有一些人空有自信，对自己一知半解的事物夸夸其谈，毫不谦虚。

谦虚说话首先不要目空一切、居功自傲。有的人做出一点成绩、取得一点进步，就飘飘然起来，跟谁说话都趾高气扬，到处夸耀自己，让大家都为之侧目。即便真的有些事情非你不行，也不能毫不客气，至少你要考虑一下别人的感受。行事、说话要客气、有礼貌一点儿，别总是带着一股傲慢，否则没人会欢迎你。

即便你的确很了不起，也没有必要彰显，做人应该懂一点儿人情世故。另外，在平时待人接物的时候，一些客套的礼貌性回答是很必要的。别人赞美你的时候，你也应该谦虚一点儿，要及时感谢对方的赞赏，千万不要表现出一副理所当然、当仁不让的样子。记住，行事、说话不能随着性子来，免得给人留下狂妄自大、不懂礼貌的坏印象，让人对你生出厌恶感。

小杨是一家广告公司的职员，他设计的一件平面广告作品得了一项大奖，经理在员工会上表扬了他一番，并让他升任主管。他的业绩大家有目共睹，确实很厉害，同事们解决不了的问题，他轻轻松松就能办妥，以至于他一度沉浸于自我的世界中，觉得在公司里自己的技术是头一号，完全看不到其他人的实力，并且以"专家"自居。每当谁的项目出了问题，他就会喊道："嘿，这样的小事都搞不定，也能出来混？"每当哪个工作进程中出现了棘手的问题，他都会说："这个问题我知道，还是我来吧，你们估计都没遇到过。"结果弄得同事们灰头土脸，面上无光，因此大家都很反感他。一次经理接到一个平面设计任务，请小杨来评价。小杨唾沫横飞地说了半个小时，最后结论是：应该返工重来。经理对这个设计本来比较满意，听了小杨的话极不高兴，从此疏远了他。渐渐地，大家都开始远离他，有什么事也不告诉他，开始排挤他。后来领导给了他一个"不合群，没有团队合作意识"的借口，将他从公司里除了名。

总是有人稍有成绩就洋洋得意，到处自夸，喜欢被别人奉承，这些人迟早会吃亏的。所以一定要学会藏锋敛迹，千万不要把自己变成射击的靶子。过分地张扬自己，就会经受更多的风吹雨打，暴露在外的椽子自然要先腐烂。一个人在社会上，如果不合时宜地过分张扬、卖弄，不管多么优秀，都难免会遭到明枪暗箭的打击和攻讦。谦逊能够克服骄矜之态，能够营造良好的人际关系，因为人们所尊敬的是那些谦逊的人，而决不会是那些爱慕虚荣和自夸的人。老子认为"兵强则灭，木强则折""强梁者不得其死"。老子这种与世无争的谋略思想，深刻体现了事物的内在运动规律，为无数事实所证明，是广泛流传的哲理名言。

隋朝名将贺若弼出生于将门世家，他参与灭陈，立下了赫赫军功。灭陈以后，贺若弼进位上柱国，晋爵宋国公，还惠及家人。其兄贺若隆为武都郡公，弟弟贺若东为万荣郡公，并为刺史、列将。志得意满的贺若弼变得骄矜傲慢、自以为是。隋炀帝杨广曾经问贺若弼："杨素、韩擒虎、史万岁三人，都是有名的良将，他们的优劣在哪里？"贺若弼说："杨素有勇无谋；韩擒虎只会打仗，不会带兵；史万岁只会骑马，不是大将之才。"杨广说："那么谁才称得上是大将呢？"贺若弼回答说："那就看殿下您的眼光了。"言下之意，这位大将就在殿下眼前。这番话不仅伤了同僚们的脸面，也让隋炀帝对他产生了戒心，最终贺若弼死在了杨广的手里。

说话懂得谦虚退让的人，就像水一样，把自己的心态放得很低，别人只要有一点长处，马上就可以看到并学到，渐渐的，能力、智慧、人生的境界，都在不知不觉中突飞猛进。

说话懂得谦虚退让的人，不会去刻意表现自我，不会与人做无谓的争执，且尊重所有的人，所以也能和周围的人关系融洽。人很容易犯刻意彰显自我的毛病，这是人类的通病，当然，合理地展现自身的才华，是现代人才不可或缺的一种手段，但凡事不可太过。

瑞典杰出化学家诺贝尔，一生贡献极大。一位瑞典出版商要出一部瑞典名人集，来找诺贝尔。诺贝尔很谦虚地说："我喜欢订阅这本有价值、有趣味的书，但请您不要将我收入。我不知道我是否应当得到这种名望，不过我厌恶过分的辞藻。"诺贝尔的哥哥想编一部家族史，请他寄一份自传。诺贝尔写道："阿尔弗雷德·伯纳德·诺贝尔——他那可怜的生命，在呱呱坠地时，差点断送在一位仁慈的医生手里。主要的美德：保持指甲的干净，从不累及别人；主要过错：终身不娶，脾气不佳，消化力差；仅有的一个希望：不要被人活埋；最大的罪恶：不敬神灵；生平重要事：无。"哥哥反复劝说，并提出代为整理，诺贝尔执意不肯。他说："我不只是没有时间，最根本的原因是我不能写什么自传。在宇宙旋涡中，有恒河沙粒那么多的星球，而无足轻重的我们，有什么值得去写？"诺贝尔一生不愿意宣扬自己，他伟大的贡献与他的谦虚分不开。

法国哲学家曾经说过，与人谈话，如果自己说得比对方好，便会化友为敌；反之，如果让别人说得比自己好，那就可以化敌为友了。这句话一针见血。如果对方总在言语中表达自己的长处，陶醉在其中觉得自己像个伟人，那么你不妨多谦虚内敛一点。这样自然会获得对方的好感，在对方面前塑造出一个良好的形象。

　　德怀特·莫罗还是一个刚出道的美国外交家时，就被总统任命为驻墨西哥大使。这个大使可不好当，因为当时的墨西哥与美国的关系非常敏感。然而在这种关键的历史时刻，莫罗运用了一个策略，让绷紧弦的墨西哥人和美国人都放下了心中沉重的大石头。他与墨西哥总统卡列斯会面的第二天，卡列斯总统对一个朋友说，莫罗才是真正进退有度的大使。

　　这位刚出道的大使到底对卡利斯总统说了什么让对方对他赞赏有加呢？其实他根本没提那些应由大使负责谈判的严重问题，只是在聊天时称赞厨师的手艺，多吃了几块饼，并请卡利斯总统谈了一些墨西哥的状况，比如对国家有哪些希望，总统想做哪些事，对于未来有什么想法，等等。

　　卡利斯总统之所以对他赞赏有加，是因为莫罗始终保持了一种谦虚内敛的态度，鼓励总统谈论自己，并且非常注意倾听。这样在无形中莫罗就显示出了对卡列斯的尊重，维护了总统的荣誉感，令其感受到了尊敬。

　　谦虚是高尚的品德，居功自傲最终会导致失败。知识越多的人说话往往越谦虚。成功的第一个条件便是谦虚，谦虚会使人得到尊重。谦虚退让的说话是雄心大志的表现，是正确认识客观世界的反映，无论从做人上还是语言表达上都是一种好的表现。

　　谦虚退让的说话方式还有以下好处：一是缩短了交际双方的心理差距，为交际创造了一个好的环境，促进合作；二是作为一种高尚人格的要素，塑造出谦虚的人格价值；三是为自己预留"后路"，防止因疏忽而招致他人的不信任、指责，甚至攻击。说话要懂得谦虚退让，把话说得滴水不漏，让好口才更上一层楼！

17
说话含蓄为彼此的交往留有余地

通过谈话的方式传达信息是日常生活或工作中与他人交流的重要途径之一。每个人在传达信息时，都有不同的表达方式：强制、请求、命令、建议……哪一种表达方式让人更容易接受呢？为了不给沟通制造障碍，就不能把话说得太露骨，要不就显得没有人情味了，尤其是心中十分不想伤害对方时，不想破坏曾经美好的感情或友情时，就更需要将要说的话变得含蓄一点，这样既能体现说话者的善意与真诚，也能真正起到劝阻他人的目的，从而实现不伤和气，留有余地的两全其美的结果。

为什么一定要含蓄说话？

中国文化的精髓就是中庸，即不太过份，不走极端，这是考虑到人的可变性，人性的可塑性。此时你的话说绝了，不留余地，到那时，双方的面子都没法放。因此，含蓄是中庸文化的经典表现，它是有人情味的表现，也是真实反映动态社会的智见。

比方说，你有几个哥们儿关系特好，但其中有一个最近出了点错，他本人又特别爱面子，此时，你就只能含蓄地劝戒他，若说得太露骨，你就觉得难以启齿了。

所以说，含蓄是一种修养，一个没有人情味的人，缺乏修养的人，是很难含蓄的。含蓄是一种高明的艺术，不仅能当场避免尴尬，而且看上去似乎什么也没有说，但却能收到什么都说了的效果。

有一位领导在开完部门裁员会议后回家，到家不久，就有一位他多年的老部下想去提前探听内部裁员的消息。

领导一边倒茶，一边示坐，一边低声说笑道："你能保证不说出去吗？"

那人笑道："当然能保证，决不说出去。"

领导站起身来，微笑道："我也保证不说出去。"

那位手下自然识趣地转移了话题。

职场中，在说话的时候一定要注意不要硬邦邦的，这样不仅会让自己陷入孤立，甚至会断送自己的前程。为人处世，何尝不是如此？与人交谈，话里留下一点余地，不要把话说死，给双方都留下回旋的余地，做到求同存异，这样的交流富有弹性，也符合人的理性，更容易取得好的结果。如果话语相逼，不留空间，把话说得绝对了，就等于把自己的后路给堵死了，双方的关系也弄僵了。即使是最要好的挚友相处也是如此，亲密无间，不分彼此，容易模糊人的个性，丧失自我，交往也会随之失去本来的意义。

把话说得太满就像杯子里已经倒满了水，再多一滴就会溢；又像气球里已经充足了气，再充一丝就会爆炸；还像压垮骆驼的最后一根稻草。当然，也有人即使把话说得很满，也能做到，这就需要十拿九稳的把握了。不过凡事总有意外，签合同时会加上一句"不可控因素"就是为了保险起见。意外并不是人能预料的，话不要说得太满，就是为了容纳这个"意外"！说话能含蓄时，千万不要直白，含蓄是一种"缓冲"。说话含蓄会使困难的交往变得顺畅。因此，有人称"含蓄"是办事语言中的"软化"艺术。

李莉一向以心直口快著称，含蓄、婉转、温柔等，到她这里一概不灵，得罪同事、招惹朋友也成了家常便饭。

一次，在公司办公室门口，她收了一个快递，但是这个快递是个箱子，特别重，一个女孩子抱起来显然有点费劲。于是她对不远处的同事张强说："帮忙来抬一下，就你没事干。"

张强一听，表示反感："怎么说话呢？什么就我没事干？我正在考虑我的策划方案呢！"

李莉碰了一个不硬不软的钉子，自知没趣。

月底了，又该到向客户对账讨账的时候了。她拿起电话给客户打电话："喂，老孙吗？我是小李，这个月欠我们多少钱呀？

该还了。"这句话还没完，她忽然听到咔哒一下，话筒里传来嘟嘟的声音。李莉嘴里的老孙是刚开发不久的客户，对她并不太了解，应该是生气了，哪能这么要钱呢？张口就要，一点缓冲也没有。

李莉跑到财务部，说："黄会计，你把我这月片区客户到账期的欠款明细给一下吧！"黄会计头也不抬，冷冷地说："正忙呢，你等等吧。"显然黄会计生气了。财务有配合的义务，但是毕竟是两个部门，那么趾高气扬地说话，黄会计有点接受不了。

当天下班后，几个同事在路上闲谈，聊起了公司管理层，只见李莉竹筒倒豆子"噼里啪啦"地一吐为快："我认为目前我们公司的管理非常混乱，也不知道老总知道不知道，有令不行、有禁不止，简直就是一个小家庭作坊。"

大家不爱听了，认为李莉话里有话，于是有的半路闪退，有的不说话，生怕牵扯进来。

第二天，负责录入数据的小陈问李莉，她片区的数据可不可以拖一天，因为手头有几个非常重要的大单子在做。

"有这么重要吗？"李莉声色俱厉地说，"这可是你分内的事，反正又不是给我做，你看着办！"

可能小陈也被当天紧急又重要的任务给逼疯了，一听她这话，不甘示弱地说："喂，请注意你的言辞！你以为你是谁呀？我今天就是没时间了！"

李莉气得发抖，自言自语说："我怎么了？本来就是这么回事嘛，我不过实话实说。"

李莉正在生气的时候，副总听到她们的吵架声，走过来对她说："小李呀，你知不知道，大家都怕和你说话呢？"

李莉不解地问："为什么呀？"

"因为你说话总是硬邦邦的，比我这个副总都谱大，经常令人难堪。"副总说道。

李莉一下子把头低下了，她认识到自己没有修炼好说话功夫，说话太冲，杀伤力太大。

在与同事和朋友交往的过程中，会说话的人从来不会把话说硬，更不会说死、说绝，让自己毫无退路可走。

《三国演义》大家都熟知，刘备临终前说过一番含蓄的话。他对诸葛亮说："君才十倍曹丕，必能安国，终定大事。若嗣子可辅，辅之；如其不才，君可自取。"意思就是如果刘禅可以辅佐，你就好好辅佐他；如果他没有才能，你就取而代之吧。听了这番话，诸葛亮的表现不是谢恩，而是虚汗淋漓拜哭于地，把头都磕破了，说："臣愿鞠躬尽瘁，死而后已。"

如果我们不懂得含蓄说话的艺术，可能听不懂刘备话中的深意。我们想一想，古代君王都是野心勃勃之辈，奔波了一辈子打下一片江山，怎么可能拱手让给一个外人呢？诸葛亮多聪明啊，一下子就明白刘备话里有话，有试探的味道，甚至有警告的意思。

有些事情摆在台面上讲，可能不太合适，这时含蓄的表达就尤为重要。刘备就是采用了含蓄的说法。如果刘备对诸葛亮说："你发个誓，若是我死后你夺走我儿子的帝位，你就天打雷劈！"如果你是诸葛亮，你心里会怎么想？但是不论你怎么想，心里肯定非常不爽！

含蓄地说话，是一种留有余地的做法。不论做什么都给人留个台阶，有利于改善彼此的关系。当然了，这并不是让人去溜须拍马，投其所好。只有涉世未深的天真之人，才会对人直接表达不信任，将双方的关系逼入死胡同，从而失去回旋的余地。

刘备没有直接地去说，不是他不能，而是含蓄地说效果会更好。刘备的话说得很有分寸，表面听起来让人感动，往深处去想，便是"于无声处闻惊雷"，足以产生警醒的效果。这就是含蓄的妙处。

那么我们平时说话应注意哪些方面呢？

（1）如果别人请求你做某事，你可以答应，但不要用"保证""肯定""一定"等词，应该留有余地，代以"尽量""尽力""试试"等。如果领导交给你办某事，你当然得遵从照办，但注意不要以绝对肯定的字眼答复，最好代以"应该没问题，我尽我最大努力"等。这样说话无损你的诚意，反而更显示出你对事情的慎重和重视。

（2）与别人有矛盾，不要口出恶言。不管谁对谁错，好说好散，低头不见抬头见，也许以后还会合作。

（3）有句话叫"盖棺定论"，因为人的一辈子变化很大，有些断言不要下得过早，像"这个人一辈子窝囊废，不会有出息"这类话就不要讲，也许某一天他就发达了。"这个人一定前途无量"这类话也不要讲，也许某一天就会出问题。应多用转折性的，非肯定意义的话语表示你的意思。

当然，实际生活里也并不止这几种说法，有时需要把话说满，但最好还是保留一点空间为好，既不得罪人，也不会把自己陷入困境。

不懂含蓄说话的人说起话来往往直来直去，不仅会伤人自尊，也会伤及自己，而把话说得顺耳的人往往习惯于含蓄表达，如同春风般的温存。温言几句既让人喜欢，也能让自己快乐，含蓄话能让听者如沐春风。

18
正确沟通，除了"能说"还得"会听"

中国有"口才好"就是"好人才"的说法。有口能言，有耳能听。中国还有句老话："愚者善说，智者善听。"莫里斯说：要做一个善于辞令的人，只有一种办法，就是学会听人家说话。

这里说出了两个重要的东西，一个是会说，一个是会听。说与听是人的两大技能，有些人能言善辩，有些人沉默寡言；有些人是最佳听众，有些人则不善倾听。

会说，是一种能力，我们常用"口才很好"来称赞别人。因为言语本身蕴含着巨大的能量，可以帮助我们解决生活中的许多问题。话大家都会说，语言表达要流畅，思维逻辑要让人理解，这是最基本的要求。如果一个人啰啰嗦嗦说半天，听的人依旧一头雾水，那这个人就是"不会说话"。

我国古代思想家荀子早就指出："口能言之，身能行之，国宝也。"著名文艺评论家刘勰在《文心雕龙》中也提到："一人之辩胜于九鼎之宝，三寸之舌强于百万之狮。"由此可见，会说话，是一个人成功路上不可缺少的因素。

怎样才算会说话？其实很简单，就是在与人交谈中能够达到交流的目的，让他人感到舒服的同时让自己感到放松。会说话的人不见得有多爱说话；你的滔滔不绝，并不意味着你会说话；你以为的"妙语"，别人也可能以为是"损语"。在时间就是金钱、事事追求高效率的今天，"不会说话"不仅影响工作，还会影响生活。

古人常说祸从口出。《了凡四训》中有很多要求人谨言慎行的句子。"气性乖张，多是夭亡之子；语言深刻，终为薄福之人。"人要慎言少说，凡事出口之前都要谨慎思考。

东晋孝武帝司马曜作为九五之尊，可能是死得最憋屈的一位皇帝。他与宠妃张贵人对饮，酒到半酣，司马曜与张贵人开玩笑说："你如今已经年近三十，美貌大不如前，我有的是年轻美貌的妃子，改天就废黜了你。"没想到这一句戏言竟成了他的催命符。张贵人自得宠以来，恃宠生骄，一直担心自己容貌不如从前会遭到司马曜的厌弃。此时她又惊又气，顿时起了杀心。张贵人趁司马曜醉酒昏睡，召来心腹宫女，用被子把在睡梦中的司马曜活活捂死了。

朱元璋草根出身，从一穷二白到做上了皇帝。有一天，他儿时的一个小伙伴来京城找他。那人一进大殿就大礼下拜，高呼万岁，说："我主万岁。当年微臣随驾扫荡庐州府，打破罐州城，汤元帅在逃，拿住豆将军，红孩子当兵，多亏菜将军。"朱元璋自然是听得懂这番隐喻，把幼年的事说得那么隆重，心里非常高兴，重重地封赏了这位老朋友。

消息传出，另一个儿时的伙伴也找上门来了。他见到朱元璋，激动万分，说："万岁，你还记得吗？那时候咱俩都给人放牛。有一次，我们在芦苇荡里，把偷来的豆子放在瓦罐里煮着吃，还没等煮熟，大家就抢着吃，把罐子都打破了，撒下一地的豆子，汤也泼在泥地里。你只顾从地上抓豆子吃，结果把红草根卡在了喉咙里，还是我的主意，叫你用一把青菜吞下，才把那红草根带进肚子里。"

怕就怕老乡揭短，让早年的丑事人尽皆知，大庭广众之下，哪还有皇帝的颜面，朱元璋又气又恼，把他给斩了。这位由于说话前没有三思，口无遮拦，信口开河，白白丢了性命。

会听是一种素质，更是一种修养。不仅要少说，还要善于倾听。会听不只需要耳朵，更需要用心。很多人在与人谈话时，都不自觉地犯这样的"错误"：总喜欢说自己的事情，结果是长篇大论、喋喋不休，完全忽略了对方是不是对自己的话感兴趣，这是很不明智的。

所以，我们必须要学会善于利用我们的耳朵，做个懂得倾听的人。如此一来，对方一定会觉得自己受到了重视，从而对你产生好感，愿意同你建立人际关系。

相反，当别人说话时，你不用心听，或者抢着说，就会使对方失去说话的兴趣，以后也不愿意和你交谈了。

第一个登上月球的宇航员阿姆斯特朗小时候的一天晚上对着月亮说他要登上月亮去。这种话在那个时代从一个小孩子嘴里说出来绝对荒谬之至。也许别的家长一听早就嘲笑了，他的母亲却没有，而是非常认真地听后又肯定地对他说："希望你梦想成真。"如果这位母亲当时就打击他这种看似愚蠢的想法呢？也许我们就看不到这位迈出一大步的人了。

无独有偶，美国著名主持人林克莱特一天访问一名小朋友："你长大了想当什么？"小朋友天真地回答，他要当飞行员。林克莱特接着问："如果你的飞机飞到太平洋上空熄火了，你怎么办？"小朋友想了想说："我先告诉所有人系好安全带，我再挂着降落伞，先跳下去。"周围的人哄然大笑。眼见小朋友着急了，主持人林克莱特接着问他为什么要先跳下去。孩子的两行热泪夺眶而出，然后说："我要去拿燃料，我还要回来！我还要回来！"孩子也是有思想的，他们的想法无疑是最真挚的。观众因孩子看似幼稚和荒唐的说法只顾笑得前仰后合，而林克莱特保持着倾听者的一份平和、一份耐心，让所有人听到了小朋友最善良、最纯真的心语。

善于倾听，才是一个成熟的人的基本素质。做一个善于倾听的人，以下三点需要格外注意。

一、注意用心倾听

一个真正懂得谈话艺术的人，首先肯定是一个注意倾听别人说话的人。倾听别人说话表示敞开自己的心扉，坦诚地接受对方，宽容对方，体贴对方，因此才能让彼此心灵相通，获得成功。当别人找你诉说，说明他已经把你当作最值得信赖的朋友。做一名好的倾听者，就要担得起朋友的信任。听朋友说话的状态，反映出了你对朋友的态度，因此一定要认真倾听，态度真诚。特别是朋友心里痛苦，有委屈，找你倾诉时，更要注意态度。

曾经有个小国派使者出使一个大国，使者给大国国王进贡了三个一模一样的小金人，同时问了国王一个问题：这三个小金人哪个更有价值。国王请来了珠宝匠检查，称重量，看做工，可是都看不出哪个更有价值。就在大家无可奈何的时候，有个大臣说他知道哪个金人更有价值。大臣胸有成竹地拿着三根稻草，插入第一个金人的耳朵，稻草从另一边耳朵出来；插入第二个金人的耳朵，稻草从嘴巴里出来；插入第三个金人的耳朵，稻草掉进肚子里，什么声响都没有。大臣说："第三个金人最有价值。"使者默认。

二、注意将心比心

倾听就是一个以真心换真心，将心比心的过程。倾听他人就是从他人的角度与立场出发，不用你的判断打断别人的倾诉，而只是作为一个倾听者专注地体会倾诉者话语背后的感受、需要。很多人在倾听的过程中，把自己变成了倾诉者，转移了话题，大谈特谈自己，这个倾听就失去了意义。

三、注意及时反馈

当别人向你倾诉自己时，除了需要你的耐心倾听，他还需要你的安慰与建议。这时，你需要让他明白，你在认真听，并且思考了他的话，这场倾诉并不是一个可怜人的独角戏，而是一次心与心的交流。有时别人并不是真的想要你拿出什么真知灼见，就是图一个安慰，你只要表达出一种"感同身受"的态度，就是最让人舒服的安慰。你的反馈，哪怕在你看来毫无实际价值，也能使倾诉者感到温暖。

最后，记住卡耐基一句话："对和你谈话的那个人来说，他的需要和他自己的事情永远比你的事重要得多。在他的生活中，他要是牙痛，要比发生天灾数百万人伤亡的事情还重大；他对自己头上小疮的在意，要比对一起大地震的关注还要多。"

19
一定要讲最具体的事而不是抽象的道理

某晚，在北京熙熙攘攘的地铁站里，一对情侣吵得不可开交。女生满脸泪痕，颤抖着嘴唇一边哭诉自己的种种委屈，一边指责男生的种种不是。而男生则一边比划一边大声给女生讲道理，这样说不合适，为什么不合适，那样做不对，为什么不对，丝毫没有停下来的意思，可谓苦口婆心，大道理如滔滔江水，绵延不绝。可是女生还是在大庭广众下哭得稀里哗啦。

这位男生太不了解女生了，她只是需要一个拥抱，你却跟她讲道理，除了让她在公共场合颜面全无外毫无作用。人家跟你谈的是恋爱，不是跟你谈道理，恋爱里面更多的不是"对与错"，而是"爱与不爱"。老是讲道理的恋爱不会长久，就算你对，但你不够爱。一个道理不如一句暖和话，一个道理不如一个大大的拥抱。

结了婚更不能老讲道理，家是讲感情的地方，而不是讲道

104

理的辩论场。下面是一个模范丈夫的自述，你看后或许会豁然开朗。

一天，两口子下象棋，实际上丈夫的棋艺不知要高出妻子多少倍，妻子在丈夫眼里就是个幼儿园水平。五招之后，丈夫已经胜券在握。这时妻子不干了，谁说马不可以走"田"了，她的是千里马。丈夫知道妻子的套路又来了，没吭声。一会妻子又说兵可以倒退走，是特种兵，丈夫看了妻子一眼，无奈地摇摇头。妻子非得让象过河，说是小飞象，丈夫哭笑不得，谁让她是妻子呢，忍了吧。最搞笑的是炮可以不用隔棋就可以打，因为是高射炮，这下把丈夫气乐了。在他妻子这里，车也是可以拐弯的，并且脸不红心不跳地振振有词。能拐弯就拐弯吧，丈夫还是凭着高超的棋技绞尽脑汁化解着妻子的"规矩"。最后，妻子完胜……于是，她一路哼着小曲去洗衣服做饭了。

这是网上流行的一个段子，很搞笑，真实性不必追究，但是这说明了什么？在家时控制情绪很重要，良好的沟通是幸福的基石。记住家不是讲理的地方，和妻子讲道理的男人智商都严重有问题。

甲遇到了事，心情很低落，一边跟好朋友乙倾诉，一边问乙该怎么办。乙便一条一条地开导甲，每一条都非常认真地在帮甲解决问题，甲点了点头，但似乎并没有因此开心起来，反而又去找别人吐槽了。

生活中，你是否也遭遇过这样的尴尬？明明你是在用心帮助对方，而对方却感到你的安慰苍白无力，非但不领情，甚至还可能被你说得更郁闷。

两个人相处最烦的事就是讲道理。要说最让人讨厌的低情商沟通方式，"讲道理"一定位居前列。

假设有这么一个场景：你刚刚在公司加了班，本该下午5：30下班，你却加班到8：00才完成报表，可报表拿给领导不但没有得到表扬，反而被臭骂一顿；你很扫兴地出了公司门，打电话叫上朋友去喝杯奶茶，想聊聊天发泄一下，但是还没等你说完，你的朋友就开始跟你讲大道理，"人生啊就是累，职场就应该学会隐忍……"又被"教训"一番。你的心情更糟糕了。道理谁不懂呢？无论是在生活中，还是在工作里，有时候我们需要的并不是一个会讲道理的人，道理讲得越多，越让人堵得慌，更别谈继续聊下去了。而讲道理的人往往没有意识到这一点，他们是真的想为对方好，但最后却总会被冷落。这种"低情商"的沟通方式，让别人厌烦，也让自己委屈。

为什么我们不喜欢听道理？那是因为我们从小到大听惯了太多的道理。还记得周星驰那版大话西游里的唐僧吗？"悟空你也太调皮了，我跟你说过叫你不要乱扔东西……月光宝盒是宝物，你把它扔掉会污染环境，要是砸到小朋友怎么办，就算砸不到小朋友，砸到花花草草也是不对的……"

虽然是为了活跃气氛，但也可以把它看作是一种讲道理，而悟空是怎么想的呢？他想一棍子打死唐僧，当然，他只是想想，情绪发泄而已。换个角度想，愿意找你聊天的朋友，他是不懂道理的人吗？聊天聊的是感情，朋友抱怨是想听到你情感上的安慰和站队，是想听你的一句"你这领导，真不体谅人"而不是听你讲道理。

高情商的人总会敏锐地感知别人的情绪和感受，一开口就会让人觉得舒服，因此在处理人际关系上比较有分寸。而情商低的人就缺乏这份感知能力，说话显得无礼，说出的道理也十分僵硬，完全顾及不到别人的情绪和意见。

爱讲道理的人，很大程度上也被"讲过道理"。在我们的成长中，如果早年的养育者对我们只讲道理，只提要求，不关注我们的情绪感受，我们就很容易发展成一个"过度应该"的人。教条式的语言，会让我们感觉备受威胁，"你需要做的是……""你必须……""你应该……"就属于这样的语言，容易激起逆反，引发矛盾。这些教养者跟孩子的联结不是通过情感，而是通过"要求""对错""道理"，这样会导致这个孩子情感的感受能力没有得到充分引导、锻炼和发展，而过度地发展了很多"道理化"的能力。诸如"小朋友不应该这么做""小孩子就应该怎么怎么样"这些话在我们潜意识里给了我们讲道理的习惯，我们会用一套自己的标准去看待问题，我们会逐渐活在一个以为的世界里，而离真实的世界越来越远。这也会导致我们在朋友关系上总是避免不了破裂的结局，可怕的是自己还一无所知，继续和新朋友去讲道理。很多人在那些教条式的语言里变成所谓的乖宝宝，他们长大后也会复制早年用"道理"跟人进行互动的习惯。在沟通的过程中，道理总会最先冒出来，他们无法看到活生生的内心，更体会不到每个人感受上的差异，总是不知不觉就得罪别人。

沟通的关键是"理解"。理解是解决问题最有效也最方便的方法，过度讲道理并不能促进对人的理解。一个只会讲道理的人，他的生活一定会越来越无趣，所有的事情都变成机械的"应该怎么做"，每一天都变成"有没有达到要求"。过度讲道理的人想要学会沟通，要先学会理解别人，而理解别人的前提是先理解自己。如果我们过度地活在各种道理中的话，就无法理解自己。不是说不喜欢讲道理的朋友，但一定要适可而止，先去认同和安慰你的朋友，再去和他讲一些小道理，对于大道理，你的朋友可能比你还清楚。

有意识地学习一些沟通技巧，会帮助我们成为一个擅长沟通的人，对方一张口你就能准确判断他说话的意图，继而能马上做出最适合的反应，让双方舒舒服服地把这次交谈的目的都达到了。所以放下道理，积极地去尝试理解和感受，才有可能成为一个会说话的情商高的人。因为再高明的沟通技术也是基于互相理解本身。

　　情商高的人不讲道理，因为他们都懂一个更低层的道理，这就是人性，就是理解。人不是机器，人都有情绪。人与人之间的相处，充沛的道理是最没趣味的部分。当一个人被负面情绪包围的时候，通常也是内心极其脆弱无助的时候，喋喋不休地讲道理，他根本听不进去，甚至会觉得你不理解他，心中更多了委屈，负面情绪进一步扩大，还有可能引发新的矛盾。真正让人和人的关系良性互动的，是情绪，是理解，彼此能调动情绪，互相理解，就是趣味相投了。

　　大多数情况下，你和你的爱人、同学、朋友、同事，都有类似的知识背景、经验背景，而这种东西都有一定的圈层属性。也就是说，这个圈层里的常识性的道理和逻辑，大家都懂，用不着你讲。比如老板给员工讲的大道理，其实员工大部分都懂，听得耳朵都起老茧了。我们缺的不是道理，而是一颗愿意接纳自己的心。

20
示弱是一种聪明的退让

有一个成语叫"退避三舍"，你知道它是怎么来的吗？这个成语出自《左传》，"晋楚治兵，遇于中原，其辟君三舍。"春秋时期，晋国公子重耳出逃到楚国，楚成王礼遇重耳，并问重耳如果返回了晋国，拿什么以报答他。重耳回答："如果有那么一天，晋楚两国起了战争，在中原交战的话，我会退避三舍的。"舍，军行三十里为一舍。后来重耳返国执政，晋楚发生了城濮之战，晋军果然"退三舍以辟之"，一者出于承诺；二者这也是有意向楚国示弱。示弱的结果是，一战奠定了晋国的霸主地位。

大多数人总以强大来标榜自己，想以强大来赢得别人的尊重和崇拜。然而逞强、毫不示弱的人反而让自己的缺点暴露无遗。有时候，适度的、有策略的示弱反而能取得人们的理解，更容易获得生存和发展的空间。这种示弱并不是真正的弱不禁风、毫无强硬之气，而是一种聪明的退让。

现实中很多人与人之间的冲突并不存在根本的利益冲突，只是为了一时的面子，为了争口气，将矛盾扩大，甚至酿下祸患，造成悲剧。比如说，平常的夫妻之间一时的争吵，彼此都不肯向对方低头，很有可能导致离婚；朋友间为了一时的面子，互不相让，谁也不给谁台阶下，友谊在一瞬间土崩瓦解。

示弱并不意味着你就是真正的软弱，示弱也可以说是一种生意场、战场上的策略。有时进行适度的、有策略的示弱，可以消除他人心理上的防备和敌意，可以避免很多不必要的麻烦。让我们看一下三国演义中的"青梅煮酒论英雄"吧。

话说刘备投了曹操，为了掩人耳目，打消曹操的猜忌，便大门不出二门不迈，整天躲在花园浇菜、种菜度日。有一天，他在浇菜时，张辽、许褚带领数人闯到刘备跟前，道："丞相有令，请使君过府一趟。"

"二位兄台，敢问丞相何事吩咐？"刘备惊恐万状。

许褚答道："丞相只是请使君过去一趟，若问具体何事，恕在下不知，还请使君快快启程才好。"于是刘备就忐忑不安地跟着许褚和张辽一干人等到相府参见曹操。

刘备战战兢兢来到曹操跟前，曹操开口就对刘备说："你在家做的好事！"刘备当时面如土色，以为曹操觉察自己哪里触犯他了。

曹操狡诈地看了刘备一眼，继而拉起刘备的手说："玄德兄乃堂堂皇叔，竟种起菜来，着实不易啊！"听到此时，刘备才放下心来，知道自己的一举一动全在曹操的掌控之下，赶紧笑答："闲来无事，聊以自慰罢了。"曹操又说："刚才碰巧看到枝头的梅子青青，不去观赏一番，着实可惜了，恰好煮酒正熟，所以我特邀请使君来小聚。"刘备这才感到心绪稍安，与曹操宾主落座，开始畅饮。

酒过三巡，菜过五味，二人畅饮之际，忽然漫天黑云压城而来。曹操指着乌云说道："龙能大能小，能升能隐；大则兴云吐雾，小则隐迹藏形；升则飞腾于宇宙之间，隐则潜伏于波涛之内。方今春深，龙乘时变化，犹人得志而纵横四海。龙之为物，可比世之英雄。玄德游历四方，想必非常了解天下英雄，不如这小小的酒桌上数一数天下的英雄豪杰。不知玄德意下如何呀？"

刘备心知肚明，酒无好酒，菜无好菜，以曹操的为人必是在试探于他，若一字答错恐怕命将休矣，忙惶然答道："当今天下英雄豪杰，据备看来当数袁术、袁绍、刘表、孙坚、刘璋、张鲁、张绣等人。"

"玄德此言差矣！只要是英雄，都必须胸有大志，腹有良策，有包藏宇宙之机，吞吐天地之气。"不等刘备说完，曹操马上插口道。

城府极深的刘备怎么可能不明白，但他继续装傻充愣道："唉呀呀，丞相，说实话，除了这些人外，不知谁还能称得上英雄?"

曹操哈哈大笑，然后指了指刘备，又指了指自己说："天下英雄，只有使君你和我啊！"

听到这里，刘备大吃一惊，惊得手里的筷子也掉到了地上，明白此时自己如果和曹操并称英雄，必死无疑。这时天公作美，正好外边一声霹雳，于是刘备灵机一动，假装去拾筷子，并说道："外面雷声太大了，吓得我连筷子都拿不稳了。"

"男子汉大丈夫也怕打雷吗？"曹操不以为然地大笑。

刘备稍稳心神笑着回答："圣人说遇到疾雷暴风，必要改变容色，表示对上天的敬畏。我怎么能不怕呢？"

试想一个连打雷都害怕的人，还能做什么大事呢？就这样，曹操打消了对刘备的疑虑。

锋芒毕露的人太耀眼，强烈的光线很容易让他人感到不舒服，如果当时刘备顺着曹操的话慷慨激昂指点江山，说不定马上就激起曹操的杀心来了。

人们有这样一种心态，那就是同情弱者。反之，那些很强势的人会让他人增强对他们的戒备心理。适当地暴露点儿缺点，反而能增强一个人的亲和力。每个人都会有一定的嫉妒心理，示弱还可以化解别人心中的那份嫉妒，让那些不如自己的人保持心态上的平衡。所以在人际交往中，示弱也经常被人们运用。比如，那些地位高的人在地位低的人面前总会说自己其实是个普通人；

成功者总会说生活中还有很多烦恼；经济状况好的人在经济条件不好的人面前通常会抱怨一下自己的健康欠佳，子女不懂事等困难；有一技之长的人常常会说自己其他方面懂得实在太少因而闹过很多笑话。这些话也许并不都是真的，实际上是为了给他人一种平衡的心理。

与他人交往，要想让别人放松警惕，需要创造一种亲近的氛围，需要你能够不露痕迹地暴露一些无关痛痒的小缺点，来表明自己并不是一个高高在上、目空一切的人。

一天，一位非常知名的大企业家接受了一个记者采访。这个记者关注这位企业家很久了，只为搜集他的一些丑闻。采访时，记者不停地追问企业家，企业家则笑容可掬，儒雅有礼，不紧不慢地对记者说："时间还早，我们可以慢慢聊嘛。"这位企业家不像别人唯恐躲避不及，反而以十分镇定的态度面对记者，记者感到十分意外。

过了一会儿，保姆端上来一杯茶，这位企业家心不在焉地拿起喝了一口，随即吐了出来，大叫道："哎呀，烫死我了！"茶杯也从企业家的手里滑落，啪的一声，茶洒，杯碎。受惊的企业家又顺手抽出一支香烟，可是点火的时候，却点到了自己拿烟的手。企业家被烫得一机灵，烟灰缸被碰到了地上，又是啪一下，碎杯子还没清理完，又碎了一个烟灰缸。这份忙乱让他看起来狼狈不堪，这么大的一个企业家，生活细节竟这么不注意。

一连串毫无破绽的洋相之后，记者怎么都不会想到，平时在商场中如鱼得水游刃有余的大企业家，私下里会是这副马大哈光景。经过这一插曲，竟然不知不觉让刚才还鸡蛋里挑骨头的记者产生了一丝怜悯。

这一套动作其实是企业家故意设计的，也是他最想要达到的效果。在人类同情心的驱使下，权威人物的许多弱点在常人看起来更能引起同情。他就是利用了人们的同情心，把过去记者一直想从他身上得到丑闻的迫切心理打消得无影无踪，甚至还对他产生了或多或少的亲切感。

我们所说的示弱不仅是在言语上，在态度、行动和利益上，你同样需要适当的退让。面对某些小的利益就不要再斤斤计较，即使有条件和别人竞争，让一分海也会更阔天也会更蓝。

21
口头禅透露一个人的个性特征

　　口头禅是在人们长期的生活过程中逐渐形成的。心理学家伍迪·哈里森说："口头禅是一个人在谈话的过程中，无意识中流露出来的话语，反映了一个人的心理状态和性格特点。从口头禅里，可以大致读懂一个人的内心世界。"

　　相信每个人都会有自己独到的口头禅，也许是无意间说出来的，但已经成为了一种难改的习惯。每个人的口头禅都有自己的特点，即便是同样的口头禅，由不同的人嘴里说出来，语气和发音效果也会不同。口头禅看似十分常见，很少会有人注意，可它却能从一定程度上反映出说话人的性格，甚至暗示说话人当时的心理状态。口头禅其实和性格息息相关，通过一个人说出来的口头禅基本能判断出他是一个什么样的人。

　　一位知名人类行为学家曾说："人类有两种表情，一种是脸上所呈现的表情；另一种是说话时传达给对方的信息。"可见，语言是人类的第二表情，而在人们说话中出现率和重复率较高的口头禅，它具有某种心理投射功能，在一定程度上揭示了说话者的内心世界。

下面的口头禅也可能发生在你的身上。

一、无所谓、随便

心理学研究表明，50%的人对"无所谓"这个口头禅非常的讨厌。现实生活中，常有人把"无所谓""随便"挂在嘴边，使用频率相当高，但是背后却隐藏着他们的性格。他们在生活中的束缚比较多，长期压抑，而放弃了属于自己的选择权利，内心还有一点自卑。这种词汇是一种典型的自我防卫的表现，既不会得罪别人，又不想表达自己内心的想法，把选择权交给其他人，把自己隐藏起来。

二、没关系、没事

把这些话当作口头禅的人，他们的内心是缺乏安全感的，同时心理防御也比较重，心灵的窗户不愿意为别人敞开，别人很难靠近。

三、一定、绝对

这类词汇比较多，比如"应该、必须、必定会、一定要"

等。把这些肯定性的词语当作口头禅的人，自信心很强或者可以说是自恋，还有些人会过于自负。他们做事情显得很理智，为人冷静，自认为能够将对方说服，令对方相信。另外他们的性格通常比较随便，责任心不是很强。而"应该"说得过多时，反表现出其有"动摇"的心理。长期担任领导职务的人，易有此类口头语。

四、或许是吧、可能是吧、大概是吧

习惯用这类模棱两可口头禅的人，自我防卫能力甚强，不会将内心的想法完全暴露出来。他们的工作和人事关系都不错，处事待人很冷静。另外，这类口头禅含有以退为进的意思，有左右逢源的作用。

五、老实说、的确、说真的、不骗你

习惯用这类口头禅的人，在交谈的过程中会刻意表明自己的诚实可信。他们心里往往有忧虑，总是担心对方会误解自己的意思，因此性格有些急躁，内心经常有不平衡。他们十分在意别人对自己所陈述事件的评价，所以一再用这些词汇强调事情的真实性。他们希望自己得到更多的认可，得到其他人的信赖。

六、对不对、是不是

把这些疑问词当作口头禅的人，大多内心缺乏安全感，害怕失去，因此会用反问的语气引起对方的注意。他们的控制欲也很强，内心比较自卑，希望得到他人的认可。

七、无聊、没意思

这类消极词语，在人们心情不好的时候，也许能起到一定程度的心理宣泄作用。但是，如果一个人长时间用消极的词汇作口头禅就会影响他的性格，久而久之成为消极的人。

八、但是、不过

习惯用这类具有转折意味口头禅的人，习惯为自己的想法辩解。"但是"语是为保护自己而使用的，为进一步表达自己的意思留下了足够的空间。心理学家表示，运用这样的口头禅，显得温和、自然、委婉，没有断然的意味，不至令人有冷淡感。

九、听说、据说、听人讲

用此类口头语的人，抱有给自己留有余地的心理。这种人见识虽广，决断力却不够。很多处事圆滑的人，易用此类口头语。在办事过程中，他们会时刻为自己准备台阶，但有时也会被矛盾的心理困扰。

十、我晕

习惯用这类口头禅的人，任何时候，只要事情不是预计和想象的那样，都会"晕"。其实问题一般没那么严重，但这类人总是习惯于在潜意识里夸大事情，并在表露于口头禅的夸张情绪中反映出来。他们活泼坦诚，容易意气用事，一句"我晕"，将所有的人和事一视同仁，等量齐观。所以，他们善于从广度上发现问题，但不擅长从深度上思考问题。

十一、啊、呀、这个、那个、嗯

习惯使用这类词汇的人多数是因为掌握的词汇少，或是思维慢，在说话时利用这些词作为间歇从而形成口头禅。因此，用这种口头禅的人，反应是较迟钝或是比较有城府的。某些领导讲话时也爱用这种口头禅，他们怕说错话，需要有间歇来思考。

十二、凭什么呀

他们觉得事情不该是这样的，但却发生了，或出于心理失衡，或基于愤世嫉俗，总之，就是看不惯那些与意愿相悖的事，并以重复出现的这句口头禅来鸣不平。他们正直，却有几分神经质，对公平和特权十分敏感，具有典型的"愤青"情结。事事看不惯，不光自己活得累，别人看着也觉得累。他要管理的不是不公现象，而是自己的不公心态。

十三、不靠谱

使用这类口头语的人多疑、苛刻，既求细节又重结果，容不得半点差错，是典型的完美主义者。他们总是把"不靠谱"挂在嘴上，觉得谁都不靠谱，什么都不放心，实际上是他自己在怀疑，可疑的只是他自己，而非是人人都可疑，事事都可疑。他顾虑更多的是自己的感受，往往把一些意外因素主观地归结到他人身上。因为不确信结果，所以就怀疑一切，只不过是为自己的不自信和不敢承担结果找托词罢了。

除了以上常见的口头禅，还有许多其他口头禅，比如"好呀好呀"，这类人性格爽朗，但缺乏主见；再如"先听我说"，这种人自信心很足，控制欲很强，又比较急躁。

说话最忌不合时宜的口头禅，这会严重破坏你的形象，让人感觉这样的人做事不够干练。说话干净、文雅、利落是交际的需要，所以应尽早改掉不良口头禅。

有些人的口头禅会给人一种自以为是、盛气凌人、居高临下、轻视蔑视对方的感觉，我们称为傲语口头禅，比如"你知道吗""我跟你讲""你明白吗"等等。你可以留意一下，这类口头禅会使听者心理上产生不舒服的感觉。

哈佛大学教授丹尼尔·格尔说："口头禅是反应一个人性格的重要标记。如果想要从口头语言上更多地观察对手，从而更轻易地驾驭自己的对手，就需要自己花费心思，仔细揣摩对方的言语所透露的意思。而口头禅就是一个人在无意识间透露出的无法掩盖的信息。"

那如何改掉那些会给人带来麻烦的口头禅呢?

口头禅大多是在无意识中不自觉地形成的。很多口头禅是口才不好的表现,肚子里没有词,说话的同时需要思考下一句,思维跟不上时,就会用口头禅来填充。在这种情况下,你就得多阅读,多练习演讲,从内容上避免因为词穷的口头禅。再就是要学会自我克制,开口前先把要说的话打好腹稿,然后放慢语速,直到可以以缓慢而流畅的语速表达出来。如果想给人留下彬彬有礼、谦逊、干练的美好印象,戒掉不良口头禅是你必须要做到的。

22
听出对方的"弦外之音"

中国人的表达方式有一个最大的特点，就是极少会直截了当地说出目的，一般会比较委婉、含蓄。这也是我们作为礼仪之邦的最大特点。可这种表达方式也存在一些问题——如果你一时不能领悟对方话里更深层次的意思，不仅不能进行有效的沟通，还会造成一定误会。

比如，有人会在遇到一些不是很熟的朋友时说："改天一块儿吃个饭，多聊聊。"这个"改天一块儿吃饭"的语言描述，在双方不是很熟的情况下，几乎和下次有机会再见是一个意思。如果有人产生误会说："哎，不是说要改天一块吃饭吗？怎么一年了都还没有动静？"这就是没有准确地理解对方语言的真实含义。

这就要求我们听一个人说话，不仅要听字面的意思，还要听他的弦外之音。弦外之音，就是"话里暗含着的没有直接说出的意思"，也就是人们常说的"话里有话"，是口语交际的一个重点，也是我们在日常生活中和在特定场合下经常用到的一种说话方式，更是衡量一个人在说话时的应变能力、个人的修养（或涵养）以及人格魅力的一种方式。"弦外之音"频繁地出现在日常生活的各种场合，人们借"话外音"进行幽默调侃、讽刺发泄、批评鼓励、摸底打探……而作为日常生活的一部分，"弦外之音"其实是一门沟通智慧，可是，这样说话，虽然既不会伤人，也不会害己，却难倒了很多直性子朋友。

无论是在生活还是工作中，很多人都会说一些言不由衷的应酬话，而你对对方的语言描述的真实意思，是不是都领会到了呢？从实际生活来看，其实我们很少能够准确、完整地领会对方的意思。人们说客套话，有时是为了讨好你，有时是为了敷衍你，有时是为了他自己的某种目的。如果轻信了对方的话，事情可能会变得非常麻烦。比如，有人说你很有艺术天分，背后的意思可能是说你缺乏商业头脑；说你是部门的老员工，你的功劳众人皆知，言外之意可能是说你这把年纪了，就不要与新来的年轻人争功了；说你与众不同，弦外之音可能是说你太个性了等。

还有很多情况，对方是言不由衷的。比如，朋友病了，你监督他吃药，他并不喜欢吃那些又苦又涩的中药，但是为了应付你，他可能会告诉你"我已经吃了"；人们希望尽快结束讨论时，会暂时说"明白了""是那样的"之类的话。有些话，我们纵然认真倾听，有时候也难免只听明白了表面之意，而忽略了其"弦外之音"。

会听话的人能敏感地捕捉到表面之下隐藏的但又在发挥作用的东西，也就是每一句话背后的深层含义。当你能够听懂别人的话外音了，也就抓住了与人对话的关键。那么我们怎么做，才能从说话中分辨出对方的话是真是假呢？

一、对方说出的一些字眼往往透露言外之意

人在言不由衷时，往往会用一些诸如"坦白说""说真的""老实说"等字眼，实际上他并没那么坦白、真诚和老实。类似的字眼还有"难道我能骗你吗？""毫无疑问""只不过""对吧"等。习惯这种表达方式的人，其实是下意识地想表明他们说的是真实的话，但这却往往让原本真实的内容听起来也有点假了。

二、对方说话时的语气或动作突然出现变化，预示着话外之意

一般说来，一个人的感情或意见，会从他说的话里表现出来，因此，只要仔细揣摩，便能很快觉察出弦外之音。

一个正以平常语速说话的人，若突然加快语速，或放慢速度甚至出现结巴的情形，很大程度上是因为思想变动对语速产生了干扰。比如对某人不满或者持有敌意时，一般人的语速会变得迟

缓沉重；再如心里愧疚或者说谎时，语速会加快以图掩盖；当两个人意见不一致时，一个人会提高音调，想压倒对方。

一个人说话时若是眼神总是逃避不愿意和你接触，下意识地掩嘴或遮住脸上其他部分，不断变换坐姿、摆弄手指等等，你就要琢磨他说的话了。因为一个正常讲话的人会正襟危坐，视线也会一直正视着对方。反之，则可能预示着他厌烦这次谈话。

要听出弦外之音，还有一个很好的方法，那就是"话题"。一个人的情绪会常常从话题里不自觉地表现出来。通过话题，你可以观察到与说话者本身相关的信息。如果你想要明白对方的性格、气质、想法，话题是最容易着手的开始。

除了话题之外，语言也是心里想法的体现。个人的水平差异、心理想法不同，下意识的措辞也会不同。这些下意识的措辞特征会比讲话内容本身更能准确地体现一个人的为人。

职场领导常用的弦外之音有以下几种。

一、旁敲侧击

近日，部门经理发现员工小李工作上出现了很多低级的错误，而且经常迟到早退。如果员工出现这种行为，作为管理者是必须要给予指出和批评的。可聪明的经理并没有当众批评小李，而是开会把整个部门狠狠地批评了一顿，最后散会的时候向着小李这个方向来了句"你这边情况更要注意"。经理的高明在于，把个人问题变成了集体问题，既防范了集体可能出现的病症，又巧妙地点了小李的问题。

二、"上司谜语"

"上司谜语"是对"弦外之音"一种很有意思的形容。领导的话常常会有"点到为止""话里有话"的情形，对这些"弦外之音"，职场新人，特别是刚走出校园的人可能会很难迅速适应。由于不能准确揣摩上司的意思，他们有时会很被动。"上司谜语"的产生和企业文化氛围有关。特别是在一些人际关系相对复杂的公司，人与人之间的交流会显得更微妙。

小张大学毕业后在一家饮料公司的设计部工作，曾因没理解"上司谜语"而白忙活了一场。那时，小张所在的小组负责给公司将要新推出的一款饮料设计瓶身，按照惯例，小组的每个成员都要向创意总监提交一份设计方案。总监看过小张的方案后，嘴角微微一翘，评价道："这个嘛，看着还行。"小张听总监说方案还行，就真的以为他的方案还行，于是信心大增，并加班加点地完善这份方案。可没想到在最后讨论采用哪个方案的会议上，小张发现自己设计的方案并没有被采纳。会后在同事的"点拨"下，小张才意识到，总监说的那句话只不过是对他的鼓励，并不表示对他的方案的认同。

有的领导会问你"这段时间在忙什么"。你仔细想想领导会凭白无故地问你在忙什么吗？那是领导看不惯你瞎忙，提醒你要调整状态，提高工作效率。

有时领导带着你拜见客户，在客户面前夸奖你，一是给你面子，让他自己也有面子；二是提醒你还有上升的空间，离他的期望值还有距离，要好好表现。

类似这样的话还有很多，你只要多注意领导说话的语气和性格特点，就能更好地理解领导的意思。对于弦外之音，一味抱怨听不出来是不行的，想要尽快破解这些弦外之音，悟出言外之意，就必须以更加积极的态度融入公司的文化氛围中，多与上司、同事交流沟通，尝试换位思考，体会对方的心态和苦衷，才能使自己快速进入角色，在工作和人际交往中变得游刃有余。

如果你能够在倾听他人说话的时候，做到边听边观察，并及时听出他的弦外之音，巧妙地回应，那么你就已经接近口才高手了。

23
每个人都有自己不可触碰的心理禁区

一个人不管有多大能力，有多聪明，他的内心都会有不可触碰的一面，会有柔软脆弱的时候，或是亲情，或是友情，又或者是爱情；人，无论贫富贵贱，王侯将相，凡夫俗子，一定都有能让他心里发痛、心碎的地方。人总有别人不能碰的底线，没有原因的守护，没有理由的帮助，也会有无力哭泣的时候。

每个人都有自己不可触碰的心理禁区！一路上的艰辛也只有自己才知道。不仅是在生活和工作中，在感情上也是一样，受过伤之后，那段往事就会成为一个禁区，最怕别人触及。记住，任何场合，任何话题，任何关系都不要去触碰他人的心理禁区。

还记得被誉为"地球之耳"的罗布泊吗？它曾是中国第二大咸水湖，阳光和煦，湖水清澈，好似仙境。不过，二十世纪五十年代之后，人类无视自然界设下的防线，在罗布泊的原支流塔里木河的中游修建了水利工程，使得罗布泊的面积锐减，加之塔里木河两岸人口激增，不断越过自然界的底线，肆意地增加耕地用水，最终使河道干涸，罗布泊地区的风蚀和盐碱化不断加剧，罗布泊也沦为沙漠，气候条件变得极其恶劣，一度被称为"死亡禁地"。

无视大自然的底线会产生这么严重的后果，若我们无视别人的底线呢？

人人都有底线，事事都有原则。别挑战别人的底线，别小瞧别人的尊严。老实的人不善言谈，但不代表没有底线。大度的人不喜计较，但不代表没有底线。让你三分，是情分；忍你一时，是礼貌。别忘了，再老实的人也会发火，再大度的人也有限度。你若不知珍惜，不重情意，再重情的人也会转身而去。

追溯历史，秦王嬴政"吞二周而王诸侯，履至尊而制六合，执敲扑而鞭笞天下"，然而他忘记了治民之根本，大兴土木，焚书坑儒，陷民众于水深火热之中。超越了民众的底线，秦王朝仅仅维持了二世便走到了尽头。无独有偶，隋文帝一扫南北，建立了统一的大隋帝国，然后隋炀帝肆意践踏百姓的底线，使得偌大的一个隋朝短短几年就灰飞烟灭。

所以，在我们每个人的心中都应该存在做人的底线，以它作为立身处世的准则。

2016年有部争议很大的电影，那就是王家卫监制、张嘉佳导演的《摆渡人》。之所以说争议很大，是因为这部电影在豆瓣创造了3.3分的神奇低分，但票房却强势碾压。有人说它像《东邪西毒》，有人说它是《东成西就》，还有人说它是《甲方乙方》，甚至有人说它是《奇异博士》！没错，在搞笑上这部电影着实不逊《甲方乙方》，自然也有着《东邪西毒》王家卫的影子，但如果要说电影的主旨，似乎只是爱情。

摆渡人这个职业，听起来高尚又有格调，但实际上更像心理医生。只是这个医生不治疗任何疑难杂症，只拯救受伤的心——我不是他的明天，所以我只能送他到彼岸。

这句话完美地概括了摆渡人做的是什么。

我们每个人的心里都会给自己设置一块任何人都不能触碰的禁区，同时又给某个人留下一丝柔软。摆渡人就是要锤炼这块柔软，打开这道禁区。电影里马力就是小玉的禁区，是她永远也过不了的坎，为了马力，她可以拼酒拼到不顾自己的性命。马力知道小玉的苦，但是他给不了。因为他有着同样的苦，那就是江洁。江洁之于马力，也是无法触碰的禁区。而毛毛又是管春的禁地。还有在别人面前永远玩世不恭的陈末，他的心里只有一个何木子，在何木子那里满满都是温柔。

电影有着深刻的主题。每个人心里都有秘密，每个人的心里都有禁区，每个人心里都有最脆弱、最柔软的时刻；女人有，男人有，婚姻有，事业也有。

要学会尊重每个人，心理禁区不可触碰。

24
"不打断别人的话" 是基本素养

在朋友聚会、公众场所、电话闲聊中，有的人话特别多，总喜欢打断别人的话，还没有等你把话说完，就迫不及待地插上一句，不考虑别人的感受，只顾自己说，这样做很没礼貌，而且让人很不舒服。

例如，两个好久不见的熟人，还有就是当大人讲话时，有的小孩子总是爱插话，要不就故意制造噪音，礼貌与否先不说，为什么孩子会有这种表现呢？孩子们可能是想以此获得大人的关注，有着被关爱和关注的强烈需求。通常这些孩子都比较自我，如果他们的这种需求没有得到满足，便常常以插话来获得。

我们每个人都经历过这样一个以自我为中心的阶段，以为自己是世界上独一无二的存在，是最值得关注的。习惯于以自我为中心的人，往往过分关注自我内心的感受，而不懂得去照顾别人的真实感受，所以，当他人正在说话时，他们总是去打断别人，以证明自己的存在，并希望得到他人的认同。面对这样的孩子，大人可以给其自我表达的机会，在他畅所欲言后，再提醒他应该给他人说话的机会，从而帮助孩子健康成长。

下面来看一下一位推销员乱插话是如何被下逐客令的。

推销员："杨经理，经过我的观察，发现贵运输公司自己维修花费的钱，要比雇用我们来做花的钱还多吧？"

杨经理："我们也早有考虑。我们自己维修的确不太划算，听说你们的服务质量还可以，但是，你们……"

推销员："噢，对不起，我想说明一点，一台汽车成千上万个零件，有时维修需要特殊的设备和材料，没有人能把所有的事情都做完……"

杨经理："对，对，但是，我想你可能误会我的意思了，我要说的是……"

推销员："我明白，我是说，您自己的修理工经验再丰富，也不可能在缺乏专门设备的情况下，做得像我们这样好。"

杨经理："你还是没有听懂我的意思，现在我们维修工是……"

推销员："杨经理，请再等一下，好吗？就等一下，我只想说，如果您认为……"

杨经理："你还是走吧，我现在要忙事情了。"

推销员被下了逐客令，原因是这个推销员完全没有理解对方的意思，总是打断对方的讲话。这样对方会觉得太浪费时间了，就不爱和你说话了。经常随便打断对方讲话的人，只能让讲话者产生厌恶的情绪。其实，这是一种爱表现的心理，是一种消极的情感，如果任其发展下去，就会造成严重的后果。

培根说过："打断别人、乱插话的人，甚至比发言繁长者更令人生厌。"打断别人说话是非常无礼的表现。这种情况要尽量避免，否则会引来别人的厌烦和愤怒，谁也不愿与你交流。尽管如此，在日常生活中，你可能还会遇到这样的人，他们很热衷交谈，当别人阐述自己的观点时，总喜欢打断别人。他插话时不管你说的是什么，都能将话题转移到自已感兴趣的话题上去，有时把你的结论代为说出，以此得意扬扬地炫耀自已。有些人为了让他人接受自己的观点，同意自己的看法，总爱侃侃而谈，但你越是不想和他们说话，他们得不到周围的认同，就越喜欢加入到你们的谈话中来，越爱插上几句。其实，这种做法是不可能得到他人的赞同的。或许更糟的是，如果人们正在进行一项谈判或者思索和讨论一个重大的问题，却因为你的贸然加入影响了他们正常的谈判和思路，大家一定会觉得你没有礼貌，进而都厌恶你，导致你社交失败。无论是什么原因去打断别人的话，都会让说话的人顿生厌恶。随便打断别人说话的人根本就不懂得尊重他人。

要解决这个问题，就要不断调整自己在社会中的自我认同机制，达到一种良性认同。一个有文化、有教养和有素质的的人，在和别人交谈时，不会抢着说话、乱插话，而是会耐心地做一个专心致志的倾听者。

但是，有些时候免不了会有一些冲动，想插入谈话并做一些解释。当要打断别人时，你可以尝试做"深呼吸"，提醒自己"多给别人一些表达的机会，并从中找到自我发展的资源，获得人际双赢"。

如果遇到类似情况，要学会换位思考，想一想当自己讲话时被别人打断是一种什么感觉。你可以多给别人一些自我表达的机会，然后用语言暗示他："现在我可以阐述了吗？"你也可以善意提醒他们："希望我说的时候，你不要插话，好吗？"这种方式可以提醒他人调整自己的人际沟通方式，使其他人更顺畅地交流。

聊天的时候听别人把话讲完，不去打断，既是一种耐心，也是一种尊重。这种尊重是对他人的尊重，也是对自己的尊重。不打断别人说话是一种风度，是一种修养，更是一种美德；是一种交际的艺术，也是高情商的体现。

在你开口说话之前，让别人把话说完，能表现出你对别人的理解与宽容。因此，要想获得别人的尊重，有一个好人缘，就得尊重他人说话的权利，不要轻易打断。

有一次几个足球队队友讨论战术。甲觉得自己很有道理，不停地表达自己的想法，乙每次想表达自己想法的时候都被甲打断，而且甲还重复很多次自己刚才说的话题，最后，谁也没说服谁。队长跟他们两个人分别谈话以后，觉得他们两个人的想法都很不错，都是为了球队更好，但是因为甲方老是打断乙方说话而让两个人都没有完全表达明白。

或许这个事例表达得不是很清楚，但是，回想一下自己，回想一下身边的人，这种现象屡见不鲜。粗鲁地打断别人的谈话毫无疑问会对你了解别人的意思产生影响。其实你只要带着欣赏的眼光去听，把听别人说话看作是自己学习的机会，你就会发现别人的闪光点，并且会从别人的某个闪光点中获得启迪和感悟。

让人把话讲完实质上就是一个调查研究的过程。话只有讲完了，意思才完整，才有利于你分析。别人的动机就藏在话里边，我们应该仔细思考他说的话是否有利于事情的成功，而不是看说的是不是中听。只有让人把话讲完，才能听出言外之意、话外之音，才有可能了解到真相。

一旦注意到自己有乱插话的毛病，你就应意识到这是一种无知和不礼貌的体现。假如你意识到这一点，也就是看到了自己的缺点。你下一步要做的就是"改"，下次要"口无遮拦"时就要及时自律。

做一个会倾听的人，跟你谈话的人会觉得和你在一起非常轻松愉快，因为他看得出你对他的尊重；你自己也同样会轻松愉悦起来，因为你的倾听丰富了你的思想，而且不再为准备打断别人的谈话而心理紧张了。随着你心绪的缓和，你会变得更加从容，你的理解力也会明显提高。你终于可以享受和他人的交流，而不再会觉得那是一场紧张的赛跑。

25
解除对方的戒备心理

在人际交往中，由于对方不了解我们的目的和动机，基于人类自我防卫的本能而保持警戒的态度，这时，他会龟缩在坚硬的外壳里面，以不为所动的姿态，对我们保持戒备，进而还会对其他人的意见产生一种抗拒心理。戒心一旦产生，就很难消除，最好的办法是防患于未然，不让对方产生戒心。只有消除了戒备心理，才可以和他人很好地相处。

这里有一个发生在二战期间的故事。有一天，盟军反间谍机关抓到了一位自称是来自比利时北部的"流浪汉"。法国反间谍军官吉姆斯怀疑他是德国间谍，因为他的言谈举止给人的感觉不像农民那么诚恳、憨厚，眼神中总露出一种机警、狡黠，可是一时没有足够的证据。

接下来，吉姆斯为了找出这个"流浪汉"的真实身份绞尽脑汁。

在审讯的时候，吉姆斯先让"流浪汉"数数。看起来这个问题很简单，吉姆斯想"流浪汉"可能会顺嘴带出什么口音，但是没想到"流浪汉"用法语流利地数数，没有露出一丝破绽。甚至在说德语的人最容易说漏嘴的地方，他也能说得很熟练。于是，他过了第一关。

不一会儿，哨兵用德语大声喊："着火了！"对这种呼喊人们可能会出于本能地作出一定反应，但"流浪汉"仍然无动于衷，似乎听不懂德语。

这个人确实不简单。后来，吉姆斯又找来一位农民，和"流浪汉"谈论起庄稼的事，在专业的农民面前他居然也头头是道。

但是这种情形更加坚定了吉姆斯对"流浪汉"的怀疑，双方斗智斗勇还在继续。第二天，"流浪汉"在被押进审讯室的时候，以更加沉着、平静的表情等待着下一轮的测试。吉姆斯假装非常认真地审阅完一份文件，签字之后，抬起头，突然用德语说："好啦，我明白了，你的确就是一个农民，你可以出去了。""流浪汉"一听到这话，仰起脸，长长地松了口气，脸上露出非常短暂的一丝兴奋。瞬间的表情变化没能逃过吉姆斯的眼睛，对，他懂德语，他一直在伪装。

"流浪汉"最终承认自己是一个德国间谍，这是一场典型的心理战。法国军官吉姆斯利用人的潜意识心理，忽然用德语说释放"流浪汉"，从而解除他的心理戒备，"自由"使他不经意间精神放松、喜形于色，露出了破绽。

交谈时怎么样消除对方的戒备心理呢？

一、给予对方情感的支持

杰克跟他的父母基本上无话不谈，很多问题都能互相讨论。大家可能会觉得他和父母的关系一定很亲近，但事实并不是这样的。父母虽然会针对他的问题给出他们的建议，但他们从来不会回应杰克的感情。有一次杰克跟别人发生了一点矛盾，当时他特别难受，回去跟妈妈说了事情的经过，妈妈听完之后说："肯定是你哪里不对，你自己好好想想，凡事从自己身上找原因。"话虽然没错，但是他那个时候最想要的其实是妈妈的安慰。结果听完妈妈的话，他更难受了。

所以，有效的沟通，并不是说给对方讲多少大道理，也并不是说能说出多少富有哲理和见地的话。沟通的目的除了传递信息之外，更重要的还有情感的交流，而情感的交流，才是人和人建立稳定深厚感情的不可或缺的部分。

就像遇到一个失恋的朋友，重要的不是跟她分析失恋的原因，批评她的失误，而是来自于你的安慰和支持。朋友真的不知道事情是怎么回事吗？她只是在受伤的时候第一个想到了你，想要被安慰和支持。

人人都有被包容、支持和理解的情感需求。如果对方是一个快要渴死的人，他最需要的是一杯水，而不是如何改善他生活的建议。因此，为何不满足人性的干渴呢？

二、给人以真诚的感觉

许多根深蒂固的不信任感，其实都来源于微不足道的小事和对方内心深处的偏见。对方的疑窦刚萌芽时，如果不立即想办法消除而任其发展，那么，今后即使很正常的事他也会频生疑念，猜疑心越来越重，而诚意是最有效的解决办法。真诚应该发自内心，如果自己心里认为有道理，那么说起来就会理直气壮，更何况大家本是同类，自然有心灵相通之处，所以在能说服自己的同时，比较容易说服别人。

在销售过程中，客户通常对销售人员充满了警惕和防范，因为他们害怕一不小心就掉进销售人员精心设计的"圈套"。这个时候如果销售员真心诚意地帮助客户并提供合理的建议，那么就会比较有效地解除客户的戒备心理，让沟通变得更顺畅。

客户之所以对销售人员过于小心谨慎，是因为客户在以往的交易经验中所得到的感受并不理想，部分销售员的恶劣行为丑化了所有销售人员在客户心目中的形象。他们为了销售产品而销售产品，不能从根本上真诚对待客户、积极关注客户的具体需求。

王靖是某商场的一位洗衣机销售员，他的业绩一直遥遥领先于其他几个销售员。这一天，一对老夫妇走到他的展台。他们一边打量着展台上大小不同、品牌各异的洗衣机，一边你一言我一语地低声商量着。王靖给他们热情、认真地介绍洗衣机的功能、质量、服务、价格等。但是，这两位老人一时拿不定主意，看到商场还有其他许多洗衣机展台，于是满脸歉意："小伙子，你帮我们介绍了这么久，谢谢你。我们还想到其他展台看一看。"王靖也建议他们多转转，多一些选择余地，并说："如果转累了，欢迎还回来坐坐"。

半个小时过后，这对老夫妇果然又返回来了，他们还是犹豫不决。一回生，二回熟，这次话就多了起来。通过询问，王靖知道，这对夫妇今天是确定要买一台洗衣机的，只是需要回家取钱。

这时，外面突然下起了雨，王靖把自己平时备用的雨伞递到了两位老人面前。他们说："我们还没决定买哪个，恐怕到时候雨伞不好归还。"

王靖说："这雨伞是我自己的，邻里邻居的，买不买的都没有关系，拿去吧，等你方便时再还。"

最后，两位老人觉得王靖这个人还挺好，对他个人的好感已经超越了洗衣机本身。于是，他们决定买王靖展台的洗衣机。当得知老人家中平时就老俩口，子女不在身边时，王靖又真诚建议他们购买一款小型洗衣机，这样既省电省水，占地又小，挪动起来还方便。

上面的销售事例中，与其说是产品最终赢得了客户的信赖，还不如说是销售员王靖发自内心的帮助和建议打动了客户。其实，客户在购买的过程中往往会充满怀疑和警惕，销售员如果能真诚地为客户着想，站在客户的立场上考虑问题，往往可以赢得他们的信赖。

三、自然而然的态度

戒心属于人的深层心理，它深藏心中，不轻易表露出来，但它左右人的思维。心理学有一种理论叫"逆反心理"，即越是努力强迫一种思想进入他人的潜意识，这种思想遇到的阻力就越大。因此，用直接的方式消除戒心，往往只会产生逆反效果。要消除戒心就必须通过潜意识的影响，最有效的方法就是表现出若无其事的态度，这样对方会认为你的期望不迫切，是偶然想起来的，不是精心准备的，从而不会对你有怀疑。这就需要你做到保持轻松而从容的心态。

一旦急切，别人会认为你对这事特别关注，这事对你特别有利，他的戒心就会油然而生。如果是推销或做生意，他的贪欲会令他大杀你的价；如果是寻求合作签订合同，他就会顿生犹疑之心。表现轻松从容，别人会认为这事对你利益不太大，这样会让你掌握主动。任何情况下，保持一定的矜持，不仅能令你表现出翩翩风度，还能让人觉得你是一位不同凡响的人。

试想，你去商场购物，身后总跟着一个店员，她其实是想随时解答你的问题，可你会以为她要随时向你推销产品，也可能会觉得她把你当成了小偷，从而心里产生不快。对于服务行业，过分热情未必是好事，可能会引起顾客的怀疑和逆反心理，增加沟通的阻力。因此，自然而然的态度是最好的。人人都喜欢轻松的氛围，在轻松愉快的氛围中放下自己的紧张和戒备心理。

四、寻找别人容易接受的突破点

戒心往往来源于对方的心理压力，不了解你的目的，害怕吃亏上当。采取低姿态，即能消除戒心，化影响于无形，也有利于与人交往。低姿态会为你带来融洽的人际关系，使你成为一个可爱的"人"，而不是"神"。

五、提出对方易接受的要求，不要坚持赢得100%的胜利

许多聪明的推销员总是对顾客说："拿起来看看，买不买无所谓。"这是先提出让顾客接受的要求，寻找突破口，再激发顾客的购买欲。

有时买东西，因为几块钱还不下价来，就愤然离去，根本的原因并不在于要多花几块钱，而是因为没还下价有种失败感、挫折感。人人都想有胜利感，有时比实际利益还重要，所以追求

100%的胜利是很笨的做法，这样只会与对方的自尊为敌，也就注定要失败了。聪明人总是在某些次要的地方做出让步，让对方心理上获得胜利感，就较容易在大的方面使对方让步了。

26
克服羞怯的本性

心灵咖啡网有人问："我从小就怕见生人，在生人面前不知所措；从来不主动回答老师的提问，怕当众讲话。我今年已经28岁，在异性面前总感到很紧张，很不自然，影响了我交女朋友，也影响了我与周围人的交往。请问，我这是属于什么心理障碍？如何克服这种心理障碍？"

其实，这种心理现象叫羞怯心理。

一般说来，羞怯心理是一种正常的情绪反应。害羞是人类拥有的多种情绪之一，是一个人对周围的人和环境的一种反应。它带有普遍性，许多人都可能有过这种体验。

但是，羞怯心理对人际关系的建立和发展无疑是一种障碍。当羞怯心理产生时，肾上腺素分泌增加，从而导致心跳和呼吸加快，血液循环加速。害羞意味着某种不舒服不自在的感觉，如尴尬、紧张、羞怯、不安全等。害羞的人有时还会伴之以身体上的一些不适反应，如脸红、说不出话来、站立不稳、喘不过气来等。由于人的脸部皮肤表层毛细血管特别丰富，脸红非常显眼，这种突然的情绪反应，往往导致大脑中枢神经活动的暂时紊乱，使记忆发生故障，思维出现"混乱"。于是出现语无伦次、举止失措、紧张失常等反应。

羞怯心理包含强烈的自我意识。羞怯者过分考虑自己给别人的印象，总是担心别人瞧不起自己；无论干什么事，总有一种自卑感，总怀疑自己的能力；与人交谈时，不敢正视对方；过分夸大自己的缺点和不足，使自己总处于思想消沉的状态之中。上述症状的核心是对"安全"的过分关注，循规蹈矩而不肯冒半点风险。与在人群中和社交场合中应付自如的人相比，害羞的人害怕在公开场合说话做事，对自己缺乏信心，不想成为他人关注的对象。

第一次上讲台的新教师或第一次当众演讲的人也有这样的体验：当感到所有的目光都对着自己时，他们就不能确定接下来会发生什么事，别人会有什么样的反应，事先想好的话，一到台上就乱套了。

害羞的感觉可以是轻度的、中度的或强烈的。轻度害羞或者说正常害羞现象相当普遍。美国心理学者的研究表明，约40%的美国人认为自己有羞怯心理，他们也参加派对，也去酒吧、美术展览馆等公共场所，但会有羞怯的表现，其中多达15%的人会从害羞发展到在公共场合感到困窘尴尬，再发展成为社交恐惧症，严重的社交恐惧症患者甚至"离开家都有困难"。极端害羞导致的严重社交恐惧症也被称为回避型人格障碍，据统计，这类患者约占美国成年人口的2％。但是羞怯心理引起的生理反应是短暂的，反应过后，生理功能又会恢复正常状态，因此无损于身心健康。

害羞，还是社交恐惧？

自心理学家提出"社交恐惧症"以来，害羞在一定程度上已被视为一种心理问题。其实大多数人的害羞并不会给他们的日常生活带来多大的困扰，生活照常，交际继续。只有极少数人的害羞会发展到难以克服的程度，变成一种强大的恐惧感，影响到一个人的自信和自尊。他们完全不愿与人交往，不愿结交任何新朋友，不愿参加任何社交活动，不愿尝试任何新事物，甚至和自己的同学、老师、父母都难以沟通交流。

极端害羞的行为通常被称为"社交恐惧症"。但极度害羞或社交恐惧症是可以克服的，需要付出的是：时间、耐心、勇气和实践。这需要在心理医生的帮助下才可能完成。

性格内向是不是错？

人们往往将害羞或喜欢独处与内向混为一谈，认为内向就意味着不善交际。事实上，性格内向者未必害羞，性格外向者害羞的却不在少数。大多数性格内向者对人都是友善的，只是他们为人处世的表达方式不同而已。

性格内向通常是一种不被人看好的性格。如果一个性格内向的小孩子自个儿在房间里玩，而不是在院子里和小伙伴们一起玩，父母就会感到担忧，生怕他不合群，生怕他害羞，不敢交际。

其实那不是害羞，不是不善社交，不是讨厌别人，也没有对谁不友好，与人交流也没有问题，甚至经常在公共场合也可以发言。内向者并非不喜欢或不擅长与人交往，只是表达方式不同而已，但很多人就是不明白这一点。

性格内向的人往往被迫违反自己的本性，相信外向性格更好。其实，不能说究竟是外向性格好还是内向性格好，它们只是不同性格而已。我们要消除这种偏见，既然我们天生内向，我们就要欣然接受它，了解它，更好地享受生活。我们不必装假，要勇敢地拥抱我们的天性，以真实的自己面对这个世界。

如何克服和消除羞怯心理，应注意以下几点。

一、去除心理上的孤独感

相信自己在陌生的环境中也能找到真正的朋友，而且还应看到其他人也同样在寻找朋友、寻找依托与帮助。当你确信自己与他人处于同样位置的时候，你就会消除孤独，由不安走向坦然。

周围充满那些与你一样害羞的人，只会帮你辨明你的害羞。

但是如果你和一些可以改变你，推动你克服害羞习惯的人在一起，而且他们不会直接批评你，这样你会得到更多的帮助。也许这样的朋友不容易找到——如果你的朋友可以平衡支持与批评，那么你应该与这种朋友多多交往。

二、扩大你的接触范围

你每到一个地方都会不可避免地要接触新的东西。如果你不会游泳，你可能被淹到，那的确很恐怖。可是当你深深地吸一口气跳进水里，你就尝试了新东西，也许这有一点让人畏惧，但是可以让你成长。所以，如果你想克服害羞，你就必须走出去，身处社交世界里——那个让你感到不自在的地方。最重要的是你要不断地挑战自己，你不能让害怕阻碍自己前进。

三、不要把事情想得太过严重

害羞的人通常会把事情想得很严重。如果你犯了一个错误，如果你的声音颤抖，如果你忘了台词，如果没有一个人为你讲的笑话而发笑……那又怎么样？会杀了你吗？我不这样认为，把眼光放长远吧。

四、克服自卑感、增强自信心

羞怯是人的自卑感在作怪。自卑感是自我意识的消极因素。

人人都有优势和长处，也有劣势和短处。要让别人承认自己，必须先得到自己的承认。那么不妨画一张表，标明自己的优缺点，牢记自己比他人优越的地方，确认自己是有才能的，然后充满自信地去参加社交活动，经过一段时间，自卑心理便会逐渐消失。

五、利用神奇的潜意识

你应该充分利用潜意识的作用。你要确信你所想的最终会变成现实，也就是梦想成真。尝试重复大声地说："我要变得更加自信。"在任何地方、任何时间，你想象自己在社交场合变得自信，感到自己非常棒。你要让自己相信：别人可以做到的，我也可以做到。许多人都学会了如何克服自己的羞怯感，相信你也一定可以。

六、停止想象，立即行动

如果你只是想着如何克服害羞，而不付诸行动，将不会有任何改变。克服恐惧症的办法只有一个，那就是行动。

七、多参加社交活动

千万不能采取回避态度，要在实践中掌握克服羞怯心理的有效方法。害羞的人往往给自己的社会实践机会太少，这并不奇怪，因为害羞的人不像外向性格的人那么自信，他们往往离群索居，参加社会活动的机会较少。要在与人接触中，多学习如何在社交场合表达自己，学会如何对待别人的问候或恭维，如何与陌生人进行开场白，学会如何让谈话继续下去或中止谈话的技巧。锻炼在公共场合说话的本领，提高语言表达能力和技巧。多参加文体活动，扩大人际交往的圈子，这样你会在各种活动中自然地消除羞怯心理，变得越来越大方，对自己也会越来越有信心。

27
别对爱你的人说狠话

人与人之间总会在不经意间产生误解，你本来并非是他所说的那个意思，他却认为你就是那个意思，说不定还会在心里给你记上一笔；误解积累到一定程度，遇到适当时机时，他会回敬你几句措手不及的狠话。

很多时候人在气愤的状态下，会出言不逊，说出一些言不由衷的话来，尤其对亲近的人，更加地毫无顾忌。今天你因为气愤对你的爱人说"滚"，明天她可能会说"对不起，我滚远了，回不来了"。

小女生Bella生在大城市，长在大城市，平时温柔可人。Bella的男朋友是一个乡下小伙，老家在农村而且不富裕。他们始于大学恋爱，虽然女方全家反对，但两人还是确定了恋爱关系，在Bella家所在的城市定居下来。两人感情深厚，小伙平日里对Bella非常宠爱。

不过，恋人之间吵架在所难免。但很难想象Bella发起脾气来完全不顾场合，只见她当着众人的面冲着小伙大吼："你个穷光蛋，没房没车，哪里配得上我！"怎么难听怎么说，越讲越起劲，怕自己的语言没有杀伤力，还扔了几句狠话"要你这种窝囊废男人有什么用？给我滚！"

只见小伙眼圈发红，他沉默良久，然后回家背起简单的行李，头也不回地走出了门。

一整天过去了，Bella没有他的消息，电话也关机了，她突然害怕了，害怕小伙再也不回来了。当众出小伙的丑，把小伙的自尊打得粉碎，说出去的话，就像泼出去的水，再后悔也无法挽回。

男孩后来回复Bella："彼此伤害太多了，我们各自安好。"后来Bella相亲无数，也尝试重新发展恋情，但是没有一个能像她前男友一样让她为之动心。难怪我们发现她一直喜欢刘若英的《后来》，原来是往日成风，悔不当初！

相信我们身边大部分人或多或少都对自己亲近的人表现出过不耐烦，说过气话，甚至是狠话。

父母长辈努力理解年轻人的世界，却力不从心。年轻一辈对他们缺乏耐心，常常对他们说："说了你也不懂，你们那一套，早就过时了。"这些话也许是不经意说出，却让听者内心隐隐作痛，而很多时候，对他们的伤害就是来自这种看似平常的话中。

作家史铁生双腿瘫痪后，暴躁无常，会突然摔东西，还经常对母亲发脾气。在《秋天的怀念》这篇文章里，史铁生回忆，秋天，母亲央求说想带他去看北海的菊花，但第二天母亲就因病猝然去世了，死前还念着他和妹妹。第二年秋天，史铁生的妹妹带着他去北海看菊花，他看着满地的秋叶，理解了母亲没有说完的话。

人们往往会理所当然地伤害身边最亲近的人，而越是在陌生人面前越和气收敛，相信很多人都有类似的经历。我们之所以对陌生人客气，是因为怕不小心说错了话损害两个人之间的关系，或者说畏惧惹来不必要的麻烦，甚至是担心破坏了你在别人心中的形象，遭人非议。

你对爱人说的狠话是不可能对你的同事说的，更不敢对你的老板说。因为你害怕破坏关系，而这份破坏会导致不好的后果，如遭到排斥，失去某种机会，等等。于是你就把源于强烈负面情绪的狠话压制下来了。但压抑的情绪并不会消失，它需要找一个出口，所以你就会无意识找一个安全的人进行释放，而这个人首当其冲的就是你最爱的人，或者最爱你的人。有可能是你的伴侣、父母，特别是孩子（因为在亲子关系中，作为家长处于权威地位）。

那为什么单单对我们的亲人、爱人如此苛责呢？

因为亲人爱人是我们人际交往的安全区域，我们觉得不会因为一句话而破坏了关系，潜意识里认为他们永远不会离开自己，永远都是稳定关系。所以我们自私地仗着这种稳定关系，对他们没有丝毫耐心。对于亲近的人我们是知根知底的，明白他们的软肋在哪里，一句狠话可能直逼他的心脏，在气愤的情况下说出这样的话会酣畅淋漓。所以为了自己的情绪我们往往对亲近的人更容易飚出狠话、毒语。

语言就是这样一种东西，在表达爱意的时候如此无力，在表达伤害的时候如此锋利，而且伤害到的，都是爱你的人。殊不知，狠话有的时候比肌肤之痛更令人心寒。吵架时，最激烈的状态不过几分钟，可是飙出去的狠话，可能一辈子都收不回来，所带来的伤害，一辈子都无法愈合。下面来看看为什么我们总说出狠话。

我们对先生和孩子愤怒，说狠话，有部分原因来自原生家庭，有可能你父母中的一个就是急脾气。如果你有足够的觉察力就会明白，你代际传承了你父母的人格，然后你就有机会转化自己。你能清晰地看到自己的习惯性思维和情绪反应模式，当你对爱人发狠话时，你会有觉知并让自己停下来。

我们在安全的人面前毫无顾忌地发火说狠话，当平静下来时，我们会因为对方受到的伤害，对自己过分的言行而愧疚。

久而久之，这种沟通模式会造成关系疏离、僵化，甚至破裂。

我们以为只是为了解气的一句狠话，实际上很可能是插在亲人心中一把锋利无比的尖刀。我们不是圣人，而是食人间烟火的凡夫俗子，做不到没有情绪，做不到对待任何事情心如止水。说话做事时要小心谨慎，对待与自己要生活一辈子的爱人更要仁慈一点儿，更用心一些！因为亲人爱人之间没有输赢，没有搏斗，即便你争得了上风，到头来也会输得一塌糊涂。

若情绪起来了，可以暂时回避或不予理会，深呼吸三下，同时理清一下头绪，头脑清晰了说出来的话也会有感染力，最起码他（她）不会因你的情绪化而更加激动地与你争吵。想想看，理性的讨论总比无休止的争吵更容易被别人接受吧！更何况两人产生分歧其实是件好事，其一，你静下心来去倾听是在尊重对方，会给对方一种好的印象（要知道，他/她爱你在乎你才会想让你知道他/她的想法）；再者，你有可能在一件事情上忽略了某些问题，他/她是在帮助你从而让你有一个更恰当的决定；还有就是，通过讨论的形式而不是争吵的形式处理好事情后，两人又有了一次很好的磨合，感情也将因此得到进一步的巩固。

所以，即使是实在憋不住了发了脾气，过分的狠话也不能随便乱说，特别是对自己的爱人。

如果你对爱人说了狠话，那么事后一定要去做情感修复，真诚地道歉，真实地坦露自己的脆弱，并取得谅解："因为我今天被老板批评了，受了气，所以迁怒于你，其实你没有做错什么，是我自己的问题，对不起……"

同时，抓紧时间让自己成长起来，因为越对爱人说狠话，就越感到无力。从小事开始厘清自己的边界，真实地表达，把注意力收回到自己身上。

余生那么长，我们不可避免地会与他人产生分歧与矛盾，但如果吵架，我希望是为了把隐藏的情绪告诉对方，是为了解决矛盾，而不是为了逞一时之快而口出恶言。舌上有龙泉，杀人不见血，我舍不得对你说狠话，你也一定不要对我说狠话，因为你永远不知道你的一句狠话对我来说是多大的伤害。

树叶不是一天变黄的，人心不是一天变凉的。请好好珍惜身边爱你的人和你爱的人。如果珍惜一段关系，不必寸土不让，争口舌上的输赢，不要再飙狠话，善待彼此吧。

28
你是个话题终结者吗

有人可能有过这样的经验——当大家热火朝天地聊天的时候，突然半路杀出个程咬金，他插了一句话，结果大家都安静了。

世界上有这样一种人，他们有一项特别的本领：再好的话题，只要他们一加入就会冷场。这种人就叫作：话题终结者。

朋友兴冲冲地向你推荐了一部电影："这电影太棒了，都把我感动哭了，快去看吧！"你想了想，不知道该回些什么，于是便说："哦，好的。"

对方无话可接。

一个简单的"哦"字，足以浇灭朋友大半的热情，对方甚至会忍不住揣测，是不是你根本不想把话题继续下去？

于是，你的话题在不知不觉中就走向了终结。这时候，如果不说点什么，气氛势必冷场，直接换一个话题，又会显得很突兀。

不管是身为话题终结者还是遭遇话题终结者，都是一件让人尴尬的事情。话题终结者是非常不受欢迎的一类人，他到哪里，哪里就瞬间失去聊天氛围。如果不克服这个毛病，恐怕他这辈子的人际关系都不会好转了。

话题终结者的表现通常有以下几个方面。

第一、说话足够冷，跳出常规，打大家一个措手不及，让大家觉得这话真没法接

几个女同事共进午餐，其中一位吃着吃着向大家哭诉起了她男朋友对她的种种不好。其他同事都在拼命安慰她，劝解她，给她出主意，这时有一个人突然插嘴说："知足吧你，至少你还有男朋友，我男朋友还不知道在哪个婆婆家呢。"

冷不冷？确实很冷！

一个火热的话题被突然插进的一句给彻底打乱了。哭诉的女同事很郁闷，都要分要离了，你还讲出饱汉子不知饿汉子饥的话来，这是羡慕还是嘲笑呢？如果别人接不住你的话，甚至好好的气氛都被打乱了，话题自然就被终结了！

其实有些人确实是不会说话，不知道怎么才能顺利接下朋友们的话题，但又特别想跟大家聊天，情急意乱之下就用错误的方式说了错误的话。

第二、说话足够全，面面俱到，风雨不透

还有一种人是特别能说，一旦开启一个话题，就口若悬河，滔滔不绝，好像凡是与这个话题相关的内容就没有他不知道的。

为什么这样的人也会成为话题终结者的呢？

道理很简单：

走别人的路，让别人无路可走！

说别人的话，让别人无话可说！

他一个人把所有可聊的话都说完了，总是讲一些不合时宜的内容，以及自顾自话，别人只能一脸尴尬，还怎么聊？

话题终结者在聊天时往往不太懂得迎合对方的情绪。比如对方想跟你分享开心的事，你却无精打采地回应，甚至说一些破坏对方心情的话语。聊天这件事儿，无论你学会了多少技巧，一旦漏掉"感情"，那就没有任何意义了。聊天的时候，你必须能看出对方是高兴、悲伤、快乐还是寂寞，感受对方是以哪一种心情在说话，然后，投入感情地接话。

如何不做话题的终结者，换句话说，就是如何让人能说接得下去话。那么，什么样的话能让人接下去呢？

（1）选择共同语言。聊天要选择有共同兴趣的话题，找到彼此的共同语言。有道是，酒逢知己千杯少，话不投机半句多。千杯都少了，你还怕话题不能继续下去？

要怎么才能知道他/她感兴趣的话题是什么呢？多观察他/她

的朋友圈是个好方法。朋友圈记录着他/她的生活轨迹，我们可以从他/她发出的内容里看到他/她喜欢吃些什么，玩些什么，对哪些事情感兴趣，从而推断他/她的爱好，然后开启话题。这个方法成功率非常高。

（2）不要随意否定对方。聊天应该是愉悦的，是需要被人肯定的。不要处处否定别人，这样会让人觉得你自以为是。你有你的性格，他有他的理解，聊天的目的是沟通和放松，有时候你终结了话题，那是别人不想跟你聊了。

（3）不该问的别问。在说话前掂量一下彼此的关系，对不熟的人不要谈对方比较敏感的话题。明知道这个孩子这次期末没考好你还问人家成绩多少，明知道他这年被辞退了两次还问人家赚了多少，明知道别人要了几年孩子也没要上你还问人家怎么不要孩子。如果是对方较敏感的话题，对方就会无法进行接下去的话题。

（4）不要只顾着讲自己。聊天的一大禁忌就是自己讲自己，无论讲什么事都是关于自己的，我怎么怎么样。别人凭什么总是听你讲，自然就没办法往下接话。

（5）不要抢话。当别人正在说一件事的时候，你有再高的欲望说明自己的观点，也不要随便插嘴或是打断。轻易打断别人说话，很不礼貌。

（6）主动开启新话题。一个话题就算再有意思，可以聊的内容再丰富，总有聊完的时候。如果不加控制，拼命榨取这个话题可以想到的内容，等实在没得聊的时候，场面会突然尴尬。

所以当你发现一个话题聊了很久还在没完没了地聊下去的时候，而且你可以说的、该说的都说得差不多了，在气氛陷入尴尬之前，主动切换一个新的话题吧，这样你们可以聊的内容才能源源不断。

（7）引导对方多说话。为了能使对方继续聊下去，就要表达出关心对方的话语，这样可以使对方能继续他讲话的内容，话题就不会终结。

比如说，你心怡的女生在微信朋友圈里炫了自己做的一桌子丰富的晚餐的时候，你只点赞恐怕难以引起她的注意。这时你要怎么关注她一下才好？

"真好，厨艺真棒。"——她最多一个"谢谢"，算是打发你了。

"我今天一天都没有吃饭。"——你没吃饭不关人家什么事吧？

"贤妻良母，谁娶了你就是谁的福气。"——人家还是个姑娘，不太熟不要说得那么超前好吗？

那正确的回复方式是什么呢？

"你都做了什么呢？""这盘叫什么菜？""那盘看起来很美味，怎么学的这么好的手艺？"

因为人们都喜欢谈论自己，发微信朋友圈就是想要人赞扬自己，分享自己的劳动成果的。女生天生就是个吃货，和女生讨论美食是个不错的话题，你可以说出你知道哪个地方正好有女生喜欢的菜式，约她改天去吃。这时如果你没有接住女生的话题，就会白白丧失一个和女生接近的机会。

说话方也有一些技巧来让自己不成为话题终结者。例如，在开启话题前可以采取"封闭+开放"的询问技巧，让双方怎么聊都有话讲。那么，什么是封闭式问题，什么是开放式问题呢？

比如，"你喜欢甜点吗"就是个典型的封闭式问题，这时候对方只能回答"是"或者"不是"。而"你喜欢什么样的甜点"就是开放式问题，对方可以有各种各样的回复。封闭式问题能用来确认事情，而开放式问题则没有对回答内容设限，对方可自由接话。将这两种问法进行组合，就能按照自己的意思拓展话题。

先以封闭式问题探测对方是否有兴趣，再用开放式问题深入对话。如果一直提封闭式问题，对方就得一直回"有"或"没有"，很有可能产生被审问的压迫感，而采用"封闭→开放"的步骤，就很容易和人继续聊下去。

如果和对方实在聊不起来，那真的没办法聊了。

尴聊就算聊下去又有什么意义呢？有时候不一定非得要跟对方聊点什么，聊天中要互相尊重、包容、换位思考，如果你确定真的没有东西可聊了，那不如暂时打住。强行尴聊对你们两个人来说都是很累的，对方由于不好意思不回你消息，也陪着你尬聊下去。最后的结果必然是觉得你越来越无趣。

　　如果没有什么话题聊下去了，那就把他对你的好印象留着，等下次有好话题了，再让你们的情绪畅快地爆发出来吧！

29
总"说实话"的尴尬症

"乖乖，做个诚实的孩子，不要撒谎，要说真话。"这是大人们经常叮嘱小孩子的话。安徒生童话《皇帝的新衣》里，那个敢于站出来说皇上没穿衣服的小孩子，历来都被人赞誉为天真纯良的代表。说实话是一种良好的品质，但无论什么情景下都说实话，是不是更好就有待考量了。比如，妻子给老公撒个娇："老公，你看我穿得漂亮吗？"这时就算感觉不漂亮老公也得说漂亮，不然就会破坏妻子的笑颜。可见，不分情景地说实话是一种不明智、低情商的行为。

钱钟书年轻时就才华横溢，他从清华毕业时，老师们都希望他留在研究院继续进修，可他居然一身傲气："整个清华没有一个教授够资格当钱某人的导师。"后来他要离开西南联大，临走时又直言不讳，"西南联大外文系根本不行"，还例举出这个教授"太懒"，那个教授"太笨"，还有谁"太俗"，跟西南联大也是不欢而散。心里怎么想就怎么说，钱钟书说的的确是大实话，可这些大实话却给其他人带来了难堪，也让他们对他产生了芥蒂。钱钟书自己都说，当年太狂狷刻薄，为了逞一时口舌之快而吃了不少苦头。

还记得杨修是怎么死的吗？杨修才思敏捷，灵巧机智，恃才放旷的性格，最终给自己招致了杀身之祸。

"门"内加活为"阔"，一人一口酥，揭穿曹操借梦杀人，鸡肋事件等，无一不表现出杨修的目中无人，总爱说实话。曹操手下那么多能人，难道就真没人能看出来吗？只有他为了逞一时口舌之快，把性命都丢了。

知无不言、言无不尽对于小孩子来说是童真，可如果大人们总是如此，却会在某些场合中显得格格不入，难免尴尬，甚至得罪人，还会被冠以"说话不经过大脑"的名头。在一期《十三邀》节目里面，李诞曾经劝别人说："怎么能赚到钱？就是不要说太多真话，就是不要挑战大多数人。"这话略带开玩笑性质，但是是有道理的。

《鹿鼎记》里陈近南忽悠韦小宝："现在读过书明事理的人大多已经在清廷里当官了。所以我们要对抗清廷，就要用一些蠢一点的人。对付那些蠢人，就绝对不可以跟他们说真话，必须要用宗教的形式，使他们觉得所做的事情都是对的。所以'反清复明'只不过是个口号，跟'阿弥陀佛'其实是一样的。清朝一直欺压我们汉人，抢走我们的银两和女人，所以我们要反清。"

这段话是不是解开了我们很多的迷惑？

有的人想不明白，我是替对方着想才说真话的，却反过来成了坏人。不知道有没有人因为真话得罪人而苦恼过。有心理学家说："总是喜欢说真话的人因为曾被别人误解，很有可能以后会习惯性地纠结要不要把实话说出来，慢慢地，可能会导致其性格内向化，最后还有可能自闭。"这不是危言耸听，总是憋着纠结会憋出病来，必须得表达出来才行，如果担心，有些真话可能被误解，可以通过委婉的方式表达出来，做到不伤害对方。

你去探望刚生完宝宝的朋友，当你抱起宝宝时，宝宝的家人是多么希望你夸赞几句，可你非得指出婴儿多皱纹显丑，估计连满月酒都没得喝。事实上哪个孩子刚出生时不像个小老头似的。

路人皆知的实情，明摆着的，你非得说出来让人难堪，把别人置于示众的尴尬底下，无论如何也不像是心里装着别人的表现，这个时候你说得越对，得罪的人就越多。如果真的是替对方考虑，那么就多站在对方的立场去说话；当别人给你中肯而又不是很温和的意见的时候，也请不要把对方想成坏人。说话是一门艺术，对什么人说什么话，虽然这样看起来很圆滑，但是却能在为人处事中游刃有余。

中国有句话叫："话到嘴边留三分。"因为知道谁对谁错了，难免会影响朋友之间的感情，事情挑明了，日后见面的时候，总感觉有一道槛，会很不自在。把握说实话的分寸，看得穿，不说破，说一半隐藏一半，顾全了别人的面子，也成全了自己的智慧。就像季羡林先生所说，做人就应该"假话全不说，真话不全说"。

假话全不说，就是坚守自己的底线，不能满口胡言乱语，满嘴跑火车；真话不全说，是为了保存自身，也许某句真话会造成不必要的麻烦。逢人只说三分话，未可全抛一片心，真话不可不说，但一定不能说得太过分。其中的分寸掌握，需要生活的历练。

《春秋·谷梁传》里有句非常简短意深的话："为尊者讳耻，为贤者讳过，为亲者讳疾。"这种处事法则值得学习。"静坐常思己过，闲谈莫论人非。"面对自己尊重的人，就不要谈论他们可耻的地方与过错。"见贤思齐，严己宽人。"可不说的还是不要说。"好事不出门，坏事传千里。"非得要说的时候，找个合适的方式，委婉地说，不要公开说。

鲁迅在为萧红代表作《生死场》作序的时候，对小说赞誉有加。但他后来说，序言中说小说"叙事写景胜于描写人物"，其实就是说描写人物存在缺陷，不如写事写景那么好。

可见，说实话的最高境界，不是竹筒倒豆子，直接哗啦就倒出来，总说实话会显刻薄。说话很难，拿捏该说什么话更难。不说实话未必是袖手旁观，尽说实话也可以是小肚鸡肠。无论我们说不说实话，背后的思维都应该是：我们什么时候能不说错话。

如果在一些不合适把实话讲到底的场合，你偏要说个清楚明白，很难受人待见，肯定是要吃亏的。多一份宽容与宽广，给别人留有余地，其实就是给自己留条后路，这样的处世之道，值得称赞。但是这样不足的是，在"是非"面前少了一份气势，以及坚持自我的勇气，正直的风骨和弘扬正气的力量。可是世间没有十全十美的事，凡事不纠结于对错，适度把握尺度，知道何时急流勇退，更知道何时蓄势而发，尽力做事才是保持和谐人生的王道。

30

交浅言深是个误区，"深"之前要先测试水温

凯特·福克斯写的《英国人的言行潜规则》里面有这样一段话：一项英式谈话的潜在规则，就是避免"过分认真"。英国人比其他民族更在意"严肃"与"肃穆"，"真诚"与"过分认真"的区别。

拒绝过分认真的交流，是英国人的社交准则。

这种人际交往的一般方式，和我们所说的"逢人只说三分话"有异曲同工之妙。对于刚相识不久，还没什么交情的人来说，这却是最合适的相处方式。

而实际上相当一部分人的交际会"交浅言深"，他们在初次见面或交情很浅时就会说些掏心掏肺的话。但这种看似光明磊落、真诚的沟通，却在很大程度上等于在给自己埋地雷。其实说话需要看对方是什么人，对方如果不是可以尽言的人，你说三分真话，就已经够多了，这就是交浅言浅。

对于没什么交情的人来说，你说的话，若只是你自己的事，是否考虑过对方愿不愿意听？如果在彼此关系浅薄的情况下，你要深谈，就显得太突兀了。你说的话，若是对方的事，你们只是刚认识，怎么可能与他深谈？一旦说出来即是冒昧。你说的话，若是关于第三者的，在你还没有弄明白对方立场如何的情况下，你就迫不及待地阐述自己的主张，可要小心"祸从口出"啊！

金秋时节，在北京的小张接到一位关系普通的大学同学要来北京旅游的电话。谓之"关系普通"，是因为在大学里两人只是见了面打打招呼的那种关系，四年里没有什么多的交集。

火车刚进北京这位同学就给小张打了个电话："你小子最近在忙啥呢？大学毕业就没见了，哥们儿都想你了。我快到北京了，来玩几天，你得收留我几天，赶紧准备好房间吧。"

小张一时懵了，心里想："有那么熟吗？如果想我，这些年干吗不联系呢？这时候倒想起来了。"

在这个故事中，这位同学将小张的帮助视为"深厚"交情之下的理所应当，事实上，他们的关系还远没那么铁，唐突的行为给人莫名其妙的感觉。平时不联系，用得着人了才甜言蜜语，让人反感，从心里不想帮这个忙。在双方了解程度还不够的时候，你突然对对方投以爆发式的热情，是难以被认可的。

某个小学的某个班新学期换了一位新的英语老师，在刚开学的一段时间里，英语老师有意识地找各位家长了解孩子的学习情况。一天晚上，一位家长和这位老师微信攀谈起来。礼节性地问候之后，这位家长感觉老师非常想知道孩子们的情况，就一下子打开了话匣子。班里这位同学学习很差，他家如何，他的身世如何如何，一连说了好几位同学，包括自己的见解。微信那边的老师表示感谢。最后这位家长还特意交待了老师，不要跟别人讲起这些话，被其他家长听见了不好。老师满口答应了。

但是事情远没有这位家长想的那么简单。没过几天，这位家长就听说新来的英语老师把他们的微信聊天记录截图给了班主任，还十分生气地说："我不允许别人说我学生的坏话。"这位家长懵了，他完全没想到英语老师如此出尔反尔，他出于好心说的那些学生的情况居然成了"坏话"。

其实家长与老师也就是普通关系，况且这位英语老师刚到这个班上，你作为家长并不熟悉，更不要提交情了。这真应了"交浅言深"后果严重啊。你无法预测对面那个曾经感动涕零听你说肺腑之言的人，一转身会向别人把你描述成一个怎样的人，做出怎样一番违背约定的事。

对刚结交的人就大肆倾诉压心底的秘密，一种是太年轻和单纯的人，他们太轻信于人，对人不设防，无论是自己的秘密还是别人的秘密，都可能在无意间告诉别人；另一种是心机过重的人，他们带着明显的目的，一句掏心窝的话，可能是想换取更有利的秘密。而无论哪一种，都可能给你造成困扰，不利于双方人际关系的进一步深入。

下面还有一个例子。

小王："花花你知道吗，千万不要和小强走得太近，他那个人有问题，我特别不喜欢他，你注意注意。"

花花："呵呵，小强是我男朋友，原来你一直都这样看他的呀。"

小王："……"

有些人，还没认识几天就跟你大谈人生观、价值观、世界观。两人三观相近还好，要是相差甚远，道不同不相为谋，两人的关系恐怕就此打住了。

交浅言深还有个最大的损失，那就是很容易让你丧失神秘感。人际交往中，过快讲明自己的经历和看法，一般是想要以真诚换来友情。而这种真诚，却不是对方以为的真诚，你反倒把自己真实的一面给了对方，让对方看得透彻。人和人之间的神秘感荡然无存，别人对你也就失去了兴趣。神秘感，在初识时的人际关系中能起到调节剂的作用。哪天你把你的神秘感用完了，你对对方的吸引力也就减弱了。

孔子曰："不得其人而言，谓之失言。"对方倘不是与你深知的人，你畅所欲言，图一时之快，对方会怎么想？有些初入职场的小白往往不知职场人际关系的深浅和人心的善恶，同时作为新人又渴望迅速融入集体建立友情，别人给他一点阳光他马上就可以燃烧，一时间忘了自己姓甚名谁，心里有什么话都往外倒，殊不知，这就是犯了交浅言深的忌讳，极有可能会使自己陷于被动和不利之地。

理论上人与人之间是不应该互存戒心的，应以诚相待，推心置腹。但是别忘了还有个将心比心、人心换人心的问题。在你吐露肺腑之言之前，还是先看看这个人值不值得你"吐真言"为好。在职场混迹几年的人知道，职场如社会，公司大了有公司大的弊端，派系林立，部门之间的勾心斗角。公司小了，就算三五个人，也照样各有心思。在利益这块镜子面前，各色人等尽显本色，有的人面忠心奸，有的人口蜜腹剑、口是心非。与这样的人交谈你往往会把持不住自己，三言两语便被感动，你冒然地把心声吐露给他，他却窃笑你很傻很天真，而且他会把你的秘密、你与他之间的悄悄话让天下人皆知。他为什么这样做？就是因为他根本不把你的真心当回事。而你为什么这样做？只是因为你犯了交浅言深这一忌。

"交浅言深，君子所戒"，千万不要和这种人多说一句话，最好是不发表意见。像上面那位老师把那位家长的意见全都交给了另外的人，另外的人又不知怎么把消息传到了这位家长的耳朵里，其他版本的"你的意见"，你听了并不顺耳，有被出卖的感觉。有些人唯恐天下不乱，经常探听各种八卦隐私，喜欢散布一些所谓的内幕消息，让别人听了以后忐忑不安。与这种人要保持距离，以免被扰乱视听，或者卷入某些是是非非。

对内对己要记住不要做交浅言深之事，对外对人要警惕那些交浅言深之人。正常情况下、正常的人，不会一上来就和你无话不谈。"来说是非者，必是是非人"，那些轻易抛给你的肺腑言、心里话往往是有备而来，有意为之。或者是诱饵，或者是试探，其言越深，其意越远，其心越深不可测。

人是社交动物，每个个体都有自己的想法和思考力，保持与别人天生而来的共同点是极其不易的。想发展一段好的人际关系，得靠更多的悉心呵护。

多观察对方的一举一动，行动里见出真知就是这个道理；多休会对方的一言一语，用心感受他想表达的意思；心不要太急，相处时间长短也是重要的关系考量标准；话不要太多，易出错不说还削弱吸引力。

31
沉默是金

一谈到说话，人们总是会讲到某人口才过人，如何妙语连珠，怎样口吐莲花；还有人以为谈话时声音大就能显得更有气势，讲出的道理才能让人更信服。殊不知，沉默也是一种谈话方法。"不言而言"意思是说有时候沉默的力量比语言的力量更大。生活中常常有这种戏剧性的场面：很多时候，如果一个人不说话，交往的对方就只得通过各种猜测来确定他的实际情况，而这些猜测经常会发生很大的误差。就是这样戏剧性的情形导致了"沉默是金"的说法。沉默是金，意指不常说话的人易取得成功。更多时候"沉默是金"表达为一种行为处事的方式。

沉默是话语中的间隙，是一种超越语言力量的传播方式。心理博弈中的沉默不是简单的沉默，它可以表达各种不同状态中的不同观点，是有主动意识的、有明确目的和目标的。

适当的沉默会给人造成极大的心理压力。除了借题发挥、虚张声势外，沉默也是一种威慑。适当的沉默，比滔滔不绝地说话更不易让人看穿内心而能给人一种威慑力。

心理学告诉我们，在不同的场合环境中，人们对他人的话语有不同的感受、理解，并表现出不同的心理承受力。正因为受特殊场合心理的制约，有些话在某些特定环境中说比较好，而有些话说出来就未必好；同样的一句话，在此说与在彼说的效果也不一样。因此，说什么，怎么说，一定要顾及说话的环境，如果环境不相宜，时机未到，最好的办法是保持沉默。

在一些带有一定争议性的谈话中，特别要注意做到少开口，不做无谓的争论往往能让你掌握交往中的主动权。面红耳赤争吵的两个人，都想说服对方，最终的结局多半是不欢而散。此时，如果一方能够适时沉默，可能效果更好。美国加州大学的心理学教授古德曼曾经说过："沉默可以调节说话和听讲的节奏。没有沉默，一切交流都无法进行。"沉默是理性的开始，并且引导双方冷静思考。

唐朝末年有位宰相叫陆象先。都说宰相肚里能撑船，陆象先的气度确实不小，并且还有一个特点，喜怒不形于色，让人无法揣摩。

陆象先早年在同州担任过刺史。有一天，他的家童骑马在路上遇到了他的一个参军，但是这个家童没有下马。按当时的规矩，家童就是一个家奴，是没有地位的，见到当官的就得下马行礼。于是这个参军拿起马鞭狠狠地抽了家童，还跑到陆象先的府上说："下官冒犯了大人，请您免去我的官职。"言下之意就是若真免去他官职，那就说明陆象先袒护家童；若不免，那就说明陆象先好欺负。

陆象先了解了整个事件，对参军说："身为奴仆，见到做官的人不下马，打也可以，不打也可以；下属打了上司的家童，罢官也可以，不罢官也可以。"说完这句话，就把这个参军晾在了一边。参军愣了半天，想不出陆象先到底是什么意思，只好灰溜溜地退了出去，从此对陆象先的态度收敛了很多。

古人云："逢人且说三分话，不可全抛一片心。"我们要把少言作为一种处世之道。即使在今天，很多人认为"会哭的孩子有奶吃"的时候，沉默也有它独到的用处。不懂沉默的人，必然难以倾听，不了解对方又如何沟通呢？

一、沉默是一种含蓄的语言

内心保持宁静的人，才是最有力量的人。神静而心和，心和而形全；神躁则心荡，心荡则形伤。一个人心浮气躁时，方寸已乱，必然导致举止失常、进退无据，失去正确的判断力；反之，心静神定，泰然自若，便听不到喧嚣和嘈杂，为人处世就不会失于轻率。

沉默，可以让混乱的心变得清澈。不用告诉别人，你有多愚蠢，多天真，多善良，多幸运，多倒霉，多痛苦，学会用沉默去掩饰自己的情感。沉默，是城府，是睿智，是内涵；沉默，是最后的清高，也是最后的自由。

二、沉默是一种气质、风度和品格

蛾在沉默了一冬之后，终于把飞的梦想变成现实；海在沉默了一时之后，终于把惊涛的壮观推出了地平线。

沉默是一种气质，也是一种风度，更是一种品格。如果没有沉默，就没有孕育，就没有震荡，就没有突破。

杨澜曾经采访过林毅夫，访问进行到一半时，一直侃侃而谈的他突然沉默了，之后泣不成声。原来当年林毅夫因忙于事业，父亲临终时也没能见上一面。

当时的杨澜本可以继续追问林毅夫的感想，但杨澜选择了沉默。这种沉默是对林毅夫的尊重。

情商高的人，从来不会置人于尴尬的境地。

三、沉默有时胜过千言万语

在我们的生活中，有些时候，沉默确实能起到恰到好处的作用。如果运用得体，适时的沉默有时胜过千言万语。

号称"航母终结者"的"库尔斯克号"核潜艇的沉没，是2000年俄罗斯发生的所有重大事件中最大的恶性事件，自然成了西方记者们竞相打探的目标，立足未稳的新总统普京遭遇到严峻考验。

2000年9月，当美国有线电视新闻网（CNN）记者向普京提问，询问俄罗斯核潜艇"库尔斯克号"出什么事了的时候，普京做出了简短的回答："它沉了。"

简单的回答，胜过了千言万语。一边是紧张的搜救，一边是谣言和指责。这时的普京，说太多的话反而会让人们对他产生不好的看法。

当然，普京并没有一直沉默，他做了一系列的善后工作。

普京在这次危机中的良好表现，使他在俄罗斯人民心中有了更好的形象。这就是善用沉默所产生的力量。

有些人遇到麻烦时，总是爱把它们当作话题喋喋不休地遇人就说。殊不知这样做除了让人厌烦和暗暗嘲笑外，并不能得到任何好处。遇到这种情况，与其唠叨不止地制造噪音，倒不如在沉默中思索怎样应对。

如果运用得当，沉默就是一种战无不胜的力量，它能够说服对手，也能让友谊更加牢固。

从某种意义上来说，沉默也是一种语言，一种用心灵和人进行交谈的方法。

四、选择沉默，让对方在沉默中去思考

据说有些有经验的审判员在审理罪犯时，经常会用到沉默这

种方法。长时间的沉默中，很多罪犯因为承受不了心理上的压力而崩溃，最后主动地承认所犯的罪行。

二战结束后，美、英、苏三国在一起举行会谈。斯大林每次都要晚于罗斯福和丘吉尔到达会谈的地方，于是每当他来到时，罗斯福和丘吉尔总是要向他问好。因为意识形态方面的原因，罗斯福和丘吉尔认为不能总是他们先问候斯大林。于是两个人私下商量好，准备在下一次会谈时故意晚于斯大林到达。

当下一次会谈时，罗斯福和丘吉尔故意比斯大林晚到。两人想，这次斯大林先到，他该起身问候我们两位慢到者了吧。

当罗斯福和丘吉尔到达时，斯大林果然已经坐到了会谈的桌前。但是事情并没有像两人事前想象的那样，斯大林只是坐在桌前，目光炯炯地盯着两人。最后受不了斯大林沉默的注视，罗斯福和丘吉尔又主动先向斯大林问好了。

佛家有言："三十年不说话，向后佛也奈何你不得。"沉默具有巨大的力量，把它运用到谈话中，会无声胜有声，起到意想不到的作用。

但是，沉默的时机并不是固定的，它可以出现在谈话的开始、中间，也可以出现在谈话的最后时刻。运用沉默总的原则就是"避其锋芒"，观察对方有多急切地想表达观点，让对方说够，也给自己充足的时间倾听和思考，给对方制造一种被尊重的感觉，也让自己保持成竹在胸、沉着冷静的姿态。当然，凡事要有度，若是沉默时间过长，双方都觉得有些尴尬了，则要赶快找些话题，打破僵局。

《谈话的艺术》的作者古德曼说："沉默可以调节说话和听讲的节奏。沉默在谈话中的作用，就相当于零在数学中的作用。尽管是'零'，却很关键。没有沉默，一切交流都无法进行。"沉默是一种力量。在人际交往中，在与他人的唇枪舌战中，沉默是一种成竹在胸、冷静从容的姿态，在神态上更是要表现出一种胜券在握的感觉，逼迫对方沉不住气，先亮底牌。要灵活运用沉默这种手段，适时的沉默是自信的表现，能达到说服的效果。沉默比拼的是信心和耐力，在沉默这一无言的重磅武器下，对方会受不了压力，从而较你更早地摊牌。灵活地运用沉默这种手法，会让你"不战而屈人之兵"。